JN438189

韓漢詩

천·리·향
千 里 香

順 道 지음

본문 삽화 : 飛谷 劉永碩

韓漢詩

천·리·향
千 里 香

順 道 지음

시와문화

■시인의 말

우리는 詩 쓰기가 너무 힘든 時代에 살고 있다.
詩가 단 한 뼘의 世上도 바꾸지 못하는데…
사람들은
왜 오늘도 詩를 쓰려고 애쓰는 것일까?

영혼이 깃든 심령으로 생명의 熱血을 다 적셔
千里를 가더라도 그대로 살아 움직여 吟詠되는
衆評 詩를 쓰는 시인이 되었으면 함이다.

韓漢詩(한 한시)집을 내며…

順道

|차례|

제4부 激動(격동)의 歲月(세월)을 살다 간 於于堂(어우당) 柳夢寅(유몽인)

제5부 五言絶句, 五言律詩

제6부 七言絶句 -順 道

제7부 鼯鼠五能(오서 오능)에 관한 詩부터 猛苦寒雪(맹고 한설) 詩까지 -順 道

제8부 風流(풍류)詩

제9부 七言八句(칠언팔구) 近體詩(근체시) -順 道

제10부 창작 韓漢詩(한 한시) -順 道

제11부 우리시, 성서 漢譯(한역)

■韓漢詩의 理解

'韓漢詩(한 한시)'란 '韓國(한국)적 漢詩(한시)작'을 의미한다. 기존의 漢字(한자)어와 우리의 漢子(한자)어로 자연의 조화와 정서에 맞춰 역사에 附合(부합)되도록 創意(창의) 속에 詩作(시작)했으면 해서다. "詩를 짓는다는 것은 삶의 拘束(구속)에서 벗어나는 捷徑(첩경)이다. 聖靈(성령)이 한번 불으면 붓끝을 다 할 따름이지, 詩體(시체)나 詩風(시풍)을 쫓거나 巧妙(교묘)하고 纖細(섬세)한 것을 다루지 않는다"고 主唱(주창)하면서 聖靈(성령)을 열심히 具顯(구현)했던 夏園(하원) 鄭芝潤(정지윤) 같은 시인이 되어봄 직하다. 韓漢詩(한 한시)는 당대 사람들의 삶을 切除(절제)되고 壓縮(압축)된 漢字(한자)어로 표현한 것이며, 시대적 정신세계를 詩적으로 反映(반영)한 것이다. 韓漢詩(한 한시)의 理解(이해)는 전통사회의 사상과 이념, 풍속과 정서를 表意文字(표의 문자)인 우리의 漢字(한자)어로 감성에 맞게 詩意(시의)를 느껴보자는 것이다. 또한, 韓漢詩(한 한시)에는 민중의 고통, 애정의 희비, 우국의 충정, 자연의 신비 등, 다양한 題材(제재)와 가슴속으로부터 우러나오는 진정한 人間(인간)의 心意(심의)가 그 속에 담겨 있다. 따라서, 韓漢詩(한 한시)를 통해 선인들의 感情(감정) 세계와 성현들의 叡智(예지)를 이해하고 터득할 수가 있는 것이다. 선인들이 우리의 산하 곳곳에 남긴 韓漢詩(한 한시)의 靈痕(영흔)을 음미해보면 놀랍고, 슬프고, 기쁜 경험을 하게 된다.

그리하면 우리의 산하가 多層(다층)적 意味(의미)를 지녔다는 사실을 우리 스스로 再發見(재발견)하게 될 것이기 때문이다. 현대인들의 삶은 물질적으로 많이 豊饒(풍요)로워졌지만, 정신적으로는 매우 刻薄(각박)해져가고 있음이 사실이다. 傳統(전통)적으로 소중하게 여겼던 理念(이념)적 가치관을 재조명하고 '바르게 사는 삶'에 대한 眞摯(진지)한 省察(성찰)과 순수하고 아름답게 살아가는 '인간 삶의 참모습'을 韓漢詩(한 한시)를 詩作(시작)해 봄으로써 發顯(발현)하도록 하는 데 그 목표를 두고 精進(정진)하고자 한다.

詩는 문학의 精髓(정수)요 삶의 洞察(통찰)이요 진실이다. 그래서 시인은 맨 앞에 선 사람이면서 늘 境界(경계)에 선 사람이다. 세상이 아플 때 가장 먼저 아파하는 사람도 詩人(시인)이다. 詩人(시인)은 詩를 쓸 때 단 한 조각의 가식도 섞이지 않도록 애를 쓴다. 가장 純潔(순결) 無垢(무구)한 심정으로 詩를 쓴다. 해서, 尹東柱(윤동주)는 '잎새에 지는 바람에도 괴로워했다'고 告白(고백)할 정도다. 또한, 詩는 노래[歌(가)]이다. 슬플[哀(애)] 때도 즐거울[樂(락)] 때도 노래를 부른다. 노래는 삶을 調和(조화)롭게 해준다. 슬픔[悲(비)]도 즐거움[樂(락)]도 지나치면 病(병)이 되기 때문이다. 몸과 마음이 病(병)들지 않도록 詩歌(시가)는 그에 힘[氣(기)]을 실어준다. 하여, "정치가는 詩를 必(필)히 吟誦(음송)해야 한다."는 孔夫子(공부자)의 주장은 참으로 아름답다.

제1부

자연과 情神世界(정신 세계)를 읊은 詩

민족의 역사와 애환을 함께해온 명산, 白頭大幹(백두대간)의 3대 산인 웅장한 妙香山(묘향산), 수려한 金剛山(금강산), 비요한 智異山(지리산), -「雄壯(웅장)하지만 秀麗(수려)하지 않고, 秀麗(수려)하지만 雄壯(웅장)하지 않으면서도 肥饒(비요)롭다. 즉, 壯而不秀(장이불수)요, 秀而不壯(수이불장)이면서 肥饒也(비요야)」라고 한 것처럼 선인들의 五言絶句(오언절구)* 詩를 한번 吟讀(음독)해 보기로 하자.

金剛山 금강산

-獨谷 成石璘(1338~1428)-

一萬 二千峯 *峯(峰); 봉우리 봉.→
일만 이천봉

(금강산)일만 이천 봉

高低 自不同 *高; 높을 고. 低; 낮을 저→*底; 밑 저. 自不同(자부동); 서로 같지 않음.
고저 자부동

높고 낮음이 제각각이로고

君看 日輪上 *輪; 장대할 륜→日輪上; 해 오름[다른 문헌엔 初日出(초일출); 첫해가 솟아오름]
군간 일륜상

그대 해 오름을 좀 보게나

高處 最先紅 *高處(고처); 높은 곳[다른 문헌엔 何處(하처); 어느 곳]. 紅; 붉을 홍.
고처 최선홍

높은 곳이 가장 먼저 붉어진다네

[註]

*五言絶句; 漢字 다섯 글자[五言]와 네 줄의 글귀[四句]로 이루어진 詩를 말한다. 이는 五言八句로 된 詩를 五言四句로 半絶[斷絶]하여 이룬 詩를 五言絶句라 하는 것이다. 절구(絶句)를 '절귀'라고도 하며, 기존 漢詩의 近體詩*의 하나다. 起-承-轉-結의 四句로 이루어졌다. 一句가 五言이면 五言絶句, 一句가 七言이면 七言絶句이며, 경우에 따라서는 一句가 六言으로 된 詩도 있다. 중국의 南北朝 시기인 六朝(221~589)의 樂府에서 비롯됐으며, 隨나라(610~680)를 거쳐 唐나라(680~920) 때에 定型화되어 盛行했다고 본다. 위 詩는 二句 末에 同과 三句 末에 紅으로 押韻한 五言絶句인 近體詩(近詩=定型詩)이다.

*近體詩(盛唐 이후의 詩)↔古體詩(盛唐 이전의 詩).

*위 詩는 고려 말엽 獨谷 成石璘 작이다. 詩文과 草書 명필가이며, 태조 李成桂의 묘비명에 쓰인 그의 글씨는 유명하다. 위 詩의 본뜻은 재능과 덕망이 높은 사람이 제일 먼저 빛[成功]을 보게 되어 만인의 우러름[推仰]을 받게 된다는 점을 隱喩적으로 표현한 詩이다.

▶조선조 22대 正祖(정조) 때, 『北學議(북학의)』를 지은 실학자요, 증상주의 주창자요, 漢文 4대가인 楚亭(초정) 朴齊家(박제가)(1750~1815)의 金剛山(금강산)에 관한 七言絶句(칠언절구)로 된 詩를 한번 吟詠(음영)해 보자.

金剛山 一萬二千峯 금강산 일만 이천 봉

-楚亭 朴齊家(1750~1805)-

携笻一日 一峯等 *携; 끌 휴(손에 가지다). 笻; 지팡이 공→*杖; 지팡이 장.
휴 공 일 일 일 봉 등

지팡이 짚고 하루에 한 봉우리씩 오른다 해도

百歲三分 始一周 *始; 처음 시, 시작할 시, 비로소 시. 周; 두루 주.
백 세 삼 분 시 일 주

백년의 삼분의 일인 30년에야 비로소 一周하겠네.

縮入丹青 猶掛漏 *縮; 줄일 축. *丹青; 여러 색. 猶; 오히려 유. 掛; 걸 괘. 漏; 샐 누.
축 입 단 청 유 괘 루

그림 속에 여러 색을 축소해 그려 넣어도 오히려 빠뜨리니

散爲千億 恣窮搜 *散; 흩을 산. 恣; 내칠 자→恣窮; 맘대로 함. 搜; 찾을 수.
산 위 천 억 자 궁 수

천억으로 흩어놓아 두고 마음껏 찾아보게 하려네.

[註]

*조선조 21대 영조 때의 천재 산수화가 星齋(성재) 崔(최) 北(북)은 49세에 요절[凍死(동사)]했다. 그가 금강산을 유람할 때 외금강 九龍淵(구룡연)에 이르러 크게 부르짖기를, "天下名士(천하명사)가 死於(사어) 天下名山(천하명산)이면 足矣(족의)라-천하명사가 천하명산에서 죽는다면 이에 만족하리라" 하고 九龍淵(구룡연)에 투신 자살을 시도했을 만큼 천하명산인 금강산의 奇奇怪怪(기기괴괴)한 형세와 기는 인간 내부에 깊숙이 자리한 악마적 天才性(천재성)을 폭발시켜 자살 충동을 誘發(유발)케 했는지도 모를 일이다.

金剛山(금강산)을 유람한다는 것은 마치 춘추시대 魏(위)나라 籧瑗(거원)이, "내 나이 50에 지난 49년간 잘못 살아왔음을 깨달았다[省悟(성오)]"라고 말했듯이, "마음을 정갈하게 하고, 自己省察(자기성찰)을 하게 되며, 浩然之氣(호연지기)를 길러 無邊廣大(무변광대)한 세계로 우주로 나아갈지어다"라고 하는 일종의 無言(무언)의 傳言(전언)인 것이다.

*二句 末과 四句 末에 周(주)와 搜(수)로 押韻(압운)한 七言絶句(칠언절구) 近詩(근시)(近體詩(근체시)=定型詩(정형시))이다.

▶南冥(남명) 曺(조) 植(식) 선생이 말년에 지리산에 山川祭(산천제)를 짓고, 雄渾(웅혼)한 氣象(기상)을 담고 싶어했던 바로 天王峯(천왕봉)의 자태에서 그의 詩적 自我(자아)의 氣尙(기상)을 엿볼 수 있다.

天王峯 천왕봉

-南冥 曺 植(1501~1572)-

請看 千石鐘 *請; 청할 청. 看; 볼 간. 鐘; 종 종, 쇠북 종→鍾; 술병 종.
청 간 천 석 종

청컨대 천 석들이 저 큰 종을 보게나

非大 扣無聲 *扣; 두드릴 구. 聲; 소리 성.
비 대 구 무 성

크게 두드리지 않는다면 소리가 없다네

萬古 天王峯 *萬古; 오랜 옛적. 峯(峰); 봉우리 봉.
만 고 천 왕 봉

만고에 우뚝 솟은 천왕봉은

天鳴 猶不鳴 *鳴; 울 명. 猶; 오히려 유.
천 명 유 불 명

하늘이 울어도 오히려 울리지 않는다네.

[註]

*위 漢詩(한시)는 壁立千仞(벽립천인)(깎아지른 천 길 낭떠러지)의 기상을 지닌 南冥(남명) 曺植(조식) 선생이 지은 詩이다. 그는 退溪(퇴계) 李滉(이황)(1501~1570)과 더불어 嶺南學派(영남학파)의 두 거두이기도 하다. 修己治人(수기치인)의 토대 위에, '內明者(내명자) 敬(경)이요, 外斷者(외단자) 義(의)라 - 안으로 자신을 밝게 하는 것은 敬(경)이오, 밖으로 과감히 결단하는 것은 義(의)'라고 敬-義-夾-持(경의협지)를 표방한 성리학의 대학자이었다. 말년 지리산에 山川齊(산천제)를 짓고 지리산의 雄渾(웅혼)한 氣象(기상)을 담고자 했던 그의 詩적 自我를 엿볼 수 있다.

*二句 末과 四句 末에 聲(성)과 鳴(명)을 押韻(압운)한 五言絶句(오언절구) 近詩(근시)(近體詩(근체시)=定型詩(정형시))이다.

▶친구 따라 금강산으로 유람을 간 奇人(기인) 鄭壽銅(정수동), 본 이름은 鄭芝潤(정지윤)이고 호는 夏園(하원)이다. 즉, 夏園(하원) 鄭芝潤(정지윤)(1808~1858)이다. 그러면 다음 夏園(하원)의 詩抄(시초)(시를 뽑아 적은 것)를 吟詠(음영)해 보기로 하자.

夏園 詩抄 하원 시초

-夏園 鄭芝潤(1808~1858)-

疎狂見矣 謹嚴休 *疎; 트일 소. 狂; 미칠 광. 謹; 삼갈 근. 嚴; 엄할 엄. 休; 쉴 휴.
소광견의 근엄휴

체통도 벗어두고 점잔도 팽개쳤으니

; 세상이 미쳐가는데 근엄할 게 무언가

只合藏名 死酒樓 *只; 다만 지, ~뿐. 藏; 감출 장. 樓; 다락 누.
지합장명 사주루

다만 이름 없이 떠돌다 주막에서 죽기 십상이라

; 이름 감추고 술이나 퍼마시다 죽지

兒生便哭 君知不 *便; 문득 변. *知不; 도치된 의문사(~아는가?).
아생변곡 군지부

그대 아는가? 갓 태어나자 갑자기 터지는 아기 첫울음을

; 그대 아기가 태어날 때 왜 우는지 아는가?

一落人間 萬種愁 *落; 떨어질 낙. 種; 씨 종. 愁; 근심 수.
일락인간 만종수

한번 인간으로 떨어짐은 만 가지 시름 있어서라네

; 세상에 태어나면 근심 걱정 끝이 없어서라네

[註]

*위 詩에서 또 다른 例示(예시)[둘째 줄 解(해)]로 吟讀(음독)해봄과 같이 동일한 詩이면서도 우리의 글로 어떻게 표현하느냐에 따라 本來(본래)의 漢詩엔 변함없지만, 풍기는 뉘앙스(Nuance)가 달라진다는 점을 浮刻(부각)시키고자 한 詩이다.

*二句와 四句 末에 樓(루)와 愁(수)로 押韻(압운)을 단 五言(오언) 絶句(절구) 近詩(근시)(近體詩(근체시)=定型詩(정형시))이다.

*매우 奇異(기이)한 짓을 많이 하여 奇人(기인)으로 불린 정수동과 평양의 김선달, 경주의 정만서는 당대의 諧謔(해학)적 三大奇人(삼대기인)이었다. 정수동은 自由奔放(자유분방)한 성격의 중인 출신이다. '詩作(시작)한다는 것은 拘束(구속)에서 벗어나는 捷徑(첩경)'이라고 생각했던 그는, "聖靈(성령)이 한번 붙으면 붓끝을 다할 따름이지, 詩體(시체)나 詩風(시풍)을 쫓거나 巧妙(교묘)하고도 纖細(섬세)한 것을 다루지 않는다."라고 聖靈(성령)을 具顯(구현)했던 시인이다.

*세상이 미쳐서 돌아가기는 奇人(기인) 鄭壽銅(정수동)이 살던 시대상이나, 오늘날 돌아가는 시대상이나, 별반 다를 바 없는 듯하다. 權力(권력)과 金力(금력)에 눈이 멀어 오로지 내 한 몸의 補身(보신) 榮達(영달)을 위해 미쳐서 돌아가는 세태가 가히 위태롭기까지 하다는 생각이 드는 것은 筆者만의 생각일까?

▶조선 중기 문화 전성시대를 살다간 象村(상촌)의 名詩(명시)…

조선 중기 문화 전성시대 때 62년을 살다간 傑出(걸출)한 人物(인물), 정치가이며 문인이었던 象村(상촌) 申(신) 欽(흠)의 詩를 음미해 보자. 그 중에서도 널리 알려진 七言絶句(칠언 절구) 詩…

梅 不梅香 매 불매향

-象村 申 欽(1566~1628)-

桐千年老 恒藏曲 *桐; 오동나무 동. 恒; 항상 항. 藏; 감출 장.
동천년노 항장곡

오동은 천 년을 늙어도 항상 아름다운 가락을 지니고

梅一生寒 不賣香 *梅; 매화 매. 寒; 출 한. 賣; 팔 매→*買; 살 매.
매일생한 불매향

매화는 일생을 춥게 지내도 향기를 팔지 않는다[향기를 품는다]

月到千虧 餘本質 *到; 이를 도. 虧; 이지러질 휴. 餘; 남을 여. 質; 바탕 질.
월도천휴 여본질

달은 천 번을 이지러져도 본바탕은 변하지 않고

柳莖百別 又枝新 *柳; 버들 유. 莖; 줄기 경. 別; 가를 별, 이별할 별.
유경백별 우지신

버들가지는 백 번을 꺾여도 가지가 새롭게 돋아난다.

[註]

*四句의 '又新枝'를 '又枝新'으로 하여 新을 動詞로 택했다. 그래도 뜻엔 변화가 없고, 押韻하는 데 더 확실한 格率을 갖출 수 있기 때문이다.

*二句 末에 香, 四句 末에 新을 押韻함으로서 七言絶句가 명확한 詩이다.

*당대에는 朱子學의 황금기였음에도 象村은 그에 매달리지 않고, 오히려 陽明學(明나라 王陽明이 주창한 知行合一說, 일명 餘姚之學)의 실천적 성격을 높이 평가하면서, 주장하기를, "詩는 形而上者이고, 文은 形而下者"라고 하여 詩와 文이 지닌 本質적 差異를 깨닫고 창작해야 한다고 했다.

그는 조선조 중기, 한학 四大 文章家로 칭하는 月·象·谿·澤의 한 사람이다. 즉, 月沙 李廷龜·象村 申 欽·谿谷 張 維·澤堂 李 植 등과 더불어 한 세대를 風靡했었다. 그가 천하를 경영하고자 雄志를 품고 애썼던 痕迹이 다음의 詩 속에 고스란히 짙게 배어 있음을 볼 수 있다.

▶한 시대를 風靡했던 象村이 천하를 경영하고자 웅지를 품었던 그 흔적-

感 春감 춘

-象村 申 欽(1566~1628)-

役役街塵 二十年 *役役; 맘을 다해 일에 힘씀. 塵; 티끌 진→街塵(가진); 세월 보냄.
역 역 가 진 이 십 년

맘 다해 애쓰며 세월 보낸 벼슬길 二十年

致君堯舜 志徒然 *堯; 요임금 요. 舜; 순임금 순. 徒; 헛될 도→徒然(도연); 아무 일 없음.
치 군 요 순 지 도 연

군왕을 요순 임금으로 만들려 했으나 뜻이 헛되었네

春禽格格 如呼我 *禽; 날짐승 금. 格格; 짝짝거리며 새 짓는 소리.
춘 금 격 격 여 호 아

봄새들은 나를 오라 부르는 듯 짝짝거리며 지저귀고

胡不歸來 雪滿顚 *胡; 되 호, 어찌 호(어찌 ~하랴). 顚; 꼭대기 전, 정수리.
호 불 귀 래 설 만 전

정수리에 흰 머리칼 가득하니 어찌 돌아가지 않으리.

[註]「서까래[椽木(연목)]가 길거나 짧거나 기둥[柱(주)]이 기울거나 틀어지거나 두어 칸 초가집[茅屋(모옥)]이 초라하다고 비웃지 마라. 어즈버 만산나월(萬山裸月)이 다 내 것인가 하노라」- 삶의 속살을 赤裸裸(적나라)하게 드러내는 詩이다.

그가 죽을 때(조선조 제16대 仁祖(인조)6년~1628년) 領議政(영의정)이었고, 단 한 벌의 衣服(의복)밖에 없었다고 傳(전)해 온다.

■漢詩作法 小考

漢詩는 사전적 의미로 중국 漢代(BC200~AD200)부터 漢字로 지은 詩를 뜻하지만, 일반적으로는 현대 중국의 ㉮白話體로 된 詩 이외의 ㉯定型詩를 보통 漢詩라고 일컫는다. 따라서, 본문에서는 위의 漢詩作法에 관한 일반적인 점들을 알아본다.

㉮白話體; 중국 언어적 회화 식의 말, 즉 구두어인 현대의 중국말을 의미한다. 唐·宋 이래 중국어의 기초 위에 형성된 書面의 일종인 글-말-편지 등이다.

㉯定型詩; 詩句數와 시 規格에 맞게 定해져 있는 詩型을 뜻하며, 一句는 주로 五言, 七言 등으로 되어 있고, 平仄, 押韻, 律格 등이 있다.

*定型詩↔自由詩, *定型詩↔散文詩.

漢詩는 隨·唐(600~900) 이전의 詩를 古體詩(古詩)라고 하며, 唐 이후의 詩를 近體詩(近詩)라고 하여 분류하고 있다. 古體詩는 字句 수에 제한이 없고, 한 수안에 이른바 ㉰押韻이나 ㉱平仄과 같은 것에도 일정한 규칙이 없다. 이를테면, 自由詩나 敍事詩로 여긴다. 따라서 三言, 四言, 五言, 六言, 七言 등 各各 다름이 있다.

短句나 長句의 例, 李白의 「春夜宴 桃李園 序」와 같은 長詩도 있다. 반면, 近體詩(近詩)는 盛唐 이후부터 널리 퍼진 詩型이다. 이를테면, ㉲律詩, ㉳絶句, ㉴對句, ㉵字句 수 등 엄격한 詩적 型式에 맞춘 詩型이다.

㉰押韻은 규정된 詩句 끝字에 韻字를 다는 것을 뜻한다.

㉱平·仄은 平聲과 仄聲이며, 平聲은 한자음의 四聲(平·去·上·入)聲 중의 하나다. 平聲은 上平聲

이 15韻(韻字는 冬-東-江-支-微-魚-虞-齊-佳-灰-眞-文-元-寒-删등의 1,072韻字). 下平聲이 15韻(韻字는 先-蕭-肴-豪-歌-麻-陽-庚-青-蒸-尤-侵-覃-鹽-咸등의 1,195韻字)의 두 가지가 있다. 흔히 平聲(平韻)은 모두 순한 소리의 低音이며, 高低가 없이 평평한 소리들[聲]임.

*平聲↔仄聲, 平韻↔仄韻으로 대치시킨다.

*仄聲은 漢字音의 四聲가운데 [去·上·入]聲을 모두 일컫는 말이다.

仄聲을 仄韻이라고도 한다. 仄聲은 66韻에 2,460韻字가 있다.

㉤律詩; 소리는 길게 읊고[聲依永詠], 율은 소리에 화 한다[律化聲也]. 따라서 律詩란 聲과 律이 있는 詩라는 뜻이다. 八句로 되어 있으며, 제3~4句, 제5~6句가 각각 ㉥짝[對偶]을 이루며, 5言으로 된 詩를 五言律詩, 7言으로 된 詩를 七言律詩라고 하며, 盛唐때 杜甫 외 몇몇이 完成했다고 한다.

㉦絶句; 近體詩(近詩)의 하나이며, 8句의 詩를 半絶(斷絶)한 것이 絶句이다. 起-承-轉-結의 원칙을 고수한다.

近體詩에서는 絶句나 律詩를 막론하고 엄격한 法則(規則)에 依하지 아니하면 詩라 稱할 수 없다고 설명[論]한다. 바로 이 점이 오늘날의 큰 問題點으로 대두되었고, 어렵고도 먼 漢詩로 독자들에게 외면당한 詩文學 분야가 되었기 때문이다.

㉥對句; 對偶라고도 하며, 詩의 生命이라고 불리는 表現法이다.

對句[對偶]에 대한 다음과 같은 構成 要素의 5원칙이 있다.

❶平과 仄은 반대로 하고, ❷字數가 같을 것, ❸文法構造가 동일할 것, ❹對稱을 이뤄야 하며, ❺對照가 되어야 한다.

대저 漢詩는 그간 중국 것을 본받아 왔다. 앞에서 열거한 定型, 押韻, 律詩, 絶句, 對句등과같이 각각의 형식이 너무 복잡하고 다양함은 물론, 그에 準하여 적용함에 있어서도 複雜多端하기 때문에 감히 漢詩作을 엄두조차 낼 수 없다. 때문에 漢詩에 접근할 독자층도 漢詩로부터 멀어지기 마련인 現實이 되었다. 近體詩의 핵심은 聲調(平聲-上聲-去聲-入聲)를 이용한 韻律(Rhythm)이다. 즉, 高-低-長-短이 명확하다는 것이다. 이는 4차원적 특성을 지니고 있는데, 우리 한글은 平面이요 2차원적이다. 지금 우리는 漢字를 借用할 뿐 있는 그대로 활용하지는 않는다. 다만 意識 속에서 認知할 뿐이다. 근원에 있어서 詩란 韻律(Rhythm)과 形式(Form)임에는 틀림이 없다. 古體詩와 같이 형식을 벗어나 자유로운 韓漢詩작에 역점을 두자는 것이 본 詩集의 핵심이다. 독자들이 쉽게 접근할 動機附輿가 되는 것이기 때문이다. 현재 통용되고 있는 詩·畵·書 중에서, 書와 畵쪽은 많은 변화된 진전을 이루었다고 평가된다. 慕華思想으로 꽉 막혔던 主壁이 한글 창제 후, 山水寫生의 眞景畵시대를 연 三齊(謙齊, 觀我齊, 玄齊)가 우리 고유의 山水畵와 風俗畵를 그려 대중화함으로써 北京畵壇 흉내에 급급하던 당시의 사회에서 覺醒하고 自我를 發見하게 되었으며, 중국의 中華를 克服하여 오늘날 '東洋畵가 아닌 韓國畵'로 그 기틀이 확고하게 형성되었다고 思料된다. 또한, 중국이나 일본이 흉내 낼 수 없는 秋史體가 형성되어 확산됨으로 해서, '중국의 書法'이나, '일본의 書道'에 대한 '한국의 書藝'를 일궈낸 그 脈絡에는 문화적 主體意識이 담겼다고 봄이다. 하면, 漢詩의 현실은 어떠한가?

高麗 말엽부터 나름 발달해온 고유의 定型詩인 '時調'는 비록 字數에는 各論들이 있었지만, 格調가 嚴格했기 때문에 型式에 치우치다가 한 朝가 지나고, 朝鮮朝 중기에 이르러서야 비로소 「漁父四時詞」로 유명한 孤山 尹善道를 비롯해, 「關東別曲」, 「思美人曲」 등을 남긴 松江 鄭澈의 長短歌가 현대 文學史에 크게 貢獻했음은 주지의 사실이다. 그러나 오늘날의 현실을 살펴보면 그 殘像을 實感

하게 된다. 아직도 옛 형식에 치우치고 戀戀(연연)하기 때문에 꽉 막힌 古典(고전)에 머물고 있다. 하여, 지금의 漢詩作(한시작)하는 사람들은 '가을 여치[聒聒兒(괄괄아)]'가 되어가는 現實(현실)의 標本(표본)이 되었다. 이에서 決斷(결단)코 벗어나야 한다. 韓漢詩(한한시)가 우리에게 주는 精神(정신)적 支柱(지주)는 文化(문화) 韓國(한국)의 未來(미래)를 가늠할 수 있을 것이기 때문이다. 이는 後代(후대)에 남겨야 할 값어치 있는 遺産(유산)이기 때문이다.

제2부

五言律詩와 七言律詩

宿 建德江 숙 건덕강

-孟浩然(689~740)-

移舟泊 煙渚 *泊; 배 댈 박. 煙; 연기 연. 渚; 물가 저→煙渚; 물안개.
이 주 박 연 저

배를 옮겨 안개 낀 강가에 매니

日暮客 愁新 *暮; 저물 모→日暮; 날이 저뭄. 愁; 시름 수, 근심 수.
일 모 객 수 신

날은 저물고 나그네 시름만 새롭구나.

野曠天 低樹 *曠; 밝을 광. 低; 낮을 저→底; 밑 저.
야 광 천 저 수

온 들은 광활하고 하늘은 낮게 나무에 드리웠는데

江淸月 近人 *淸; 맑을 청→凊; 서늘할 청. 晴; 갤 청.
강 청 월 근 인

맑은 강물에 비치는 달이 사람에게 가까이 오네.

[註]

*제 2句와 4句 末에 押韻(압운)하는 五言絶句(오언 절구)요 五言律詩(오언 율시)이다.

*押韻(압운)하려는 漢字音(한자 음)이 우리글의 淸音(청음)인 'ㅇ', 'ㄴ', 'ㅁ', 'ㅜ', 'ㅡ', 'ㅣ'와 같이 발음되어야 한다. 굉장히 중요한 의미를 지녔다 할 것이다.

▶孟浩然은 盛唐 때 鹿門居士로 자연을 소재로 한 五言絕句에 뛰어났으며, 陶淵明에게 많은 영향을 받았다. 詩畵에 능한 王 維 등과 친분이 두터워 '王-孟'이란 別稱을 얻을 정도로 山水詩人으로 널리 알려졌다. 盛唐代부터 유행했던 近體詩는 杜甫와 더불어 몇몇이서 완성했다고 봐야 할 것이다. 그의 유명한 代表作으로는 다음 詩「春 曉」이지만, 위 詩를 앞세운 것은 다음 쪽에 예시할 張繼의 詩,「江」을 背景으로 한 비유 때문이다.

春 曉 춘 효「봄 새벽」

-孟浩然(689~740)-

春眠 不覺曉
춘 면 불 각 효

봄잠에 취해 새벽인 줄 몰랐는데

處處 聞啼鳥
처 처 문 제 조

여기저기서 새소리 들리는구나

夜來 風雨聲
야 래 풍 우 성

지난밤에 비바람 소리 있었으니

花落 知多少
화 락 지 다 소

꽤나 많은 꽃잎들이 떨어졌겠지

▶다음은 張繼(장계)의 七言絶句(칠언 절구)의 律詩(율시)가 앞 章(장)에 例示(예시)한 孟浩然(맹호연)의 詩, 五言絶句(오언 절구)의 律詩(율시)인 「宿 建德江(숙 건덕강)」과 比喩(비유)가 되기나 할까?

楓橋夜泊 풍교야박

-張 繼(? ~779)-

月落烏啼 霜滿天 *啼; 울 제. 霜; 서리 상. 滿; 가득 찰 만.
월 락 오 제 　상 만 천

달 지고 까마귀 울어대는 하늘엔 서릿발 가득한데

江楓漁火 對愁眠 *楓; 丹楓(단풍) 풍→風; 바람 풍.
강 풍 어 화 　대 수 면

강가 단풍 고기잡이 불에 어린 시름 속 잠 못 이루네

姑蘇城外 寒山寺 *姑; 시어미 고→枯; 마를 고.
고 소 성 외 　한 산 사

고소성 밖 한산사에서 은은하게 퍼지는

夜半鍾聲 到客船 *夜半; 한밤중. 到; 이를 도.
야 반 종 성 　도 객 선

한밤중 종소리가 나고네 뱃전까지 들려오누나.

[註]

*위 漢詩는 律(율)과 格(격)이 徹底(철저)했던 唐詩(당시)의 한 예이다. 위 詩는 중국 초등학교 教科書(교과서)에 나올 만큼 널리 알려진 詩로, 훗날 淸(청)나라 康熙帝(강희제)가 이 詩에 끌려 楓橋(풍교)를 찾았을 만큼 有名(유명)한 詩(시)이다.

*제 2句와 4句 末에 '眠(면)'과 '船(선)'으로 押韻(압운)한 七言絶句(칠언 절구)의 律詩(율시)이다.

*絶句(절구)에 뛰어난 張(장) 繼(계)는 8세기경 盛唐(성당)代 시인으로, 위 詩는 그가 과거시험에 세 번이나 낙방하여 歸鄕(귀향)하는 도중 56세 때 쓴 詩다. 그는 多作(다작)하는 시인이 아니다. 「楓橋夜泊(풍교야박)」이란 한 편의 詩로 역사에 남길 만큼 유명한 詩人(시인) 班列(반열)에 올랐다. 많은 首(수)의 詩(시)나 詩集(시집)을 내야만 유명한 시인이 되는 것은 아닌가 보다. 단 몇 篇(편)의 詩作(시작)을 했을지라도 共感(공감)과 感動(감동), 그리고 深奧(심오)한 내용으로 詩作(시작)을 했다면, 진정한 시인이 되는 것인가 보다. 위의 例示(예시)처럼 押韻(압운)하고, 절대적 對偶(대우)가 되어야 하고, 또 더한 律格(율격)[律呂(율려)]과 모든 格式(격식)을 갖춰 詩作(시작)하는 건 여간한 努力(노력)과 功力(공력)이 아니고서는 어렵다는 사실을 表現(표현)하고자 例示(예시)해 보았다.

제3부

中國과 韓國의 自由詩(自律詩) 두 편

李 白의 「春夜宴 桃李園序」와,

順 道의 「仲秋閒想」을 한번 비교 詠讀해 보자면-

*선각자인 甑山道 시조 姜一淳이 그를 따르는 이들에게 李 白의 『本集』에 나오는 詩, 「春夜宴 桃李園序」를 "일천 번을 읽어보라. 이는 만고의 문장을 解冤하는 것이니, 너희는 모름지기 외울지어다[暗誦하라]"라고 道典 2편 147장 2~6절에서 强調했다는 바로 그 점이다. 왜일까? 왜 그랬을까?

그 全文을 여기에 싣게 된 緣由가 된 것이다. 본 시를 한번 살펴보면-

*盛唐代에는 近體詩(近詩=詩)가 주류를 이루고 있었음에도, 다음의 李白의 詩는 自由詩(自律詩)이다. 특히 隨唐 이전의 南北朝(400~600) 때, 謝惠連의 古體詩(古體=詩)를 많이 본받아 문맥마다 謝惠連과 비교함으로써 李白 자신을 스스로 돋보이게 했다. 하여 자구 수나 押韻, 律格, 對偶 등의 격식에서 벗어난 自由詩(自律詩)이다.

春夜宴 桃李園序 춘야연 도리원서

-靑年居士 李 白(701~762)-

夫, 天地者 萬物之 逆旅 *夫; 지아비 부(發語詞). 逆旅=旅館; 여관.
부 천지자 만물지 역려

무릇[夫], 하늘과 땅[天地]이라는 곳[者]은 만물(萬物)이
잠시 머물다가는 여관[逆旅]이요

光陰者 百代之 過客 *光陰; 歲月. 百代; 긴 세월. 過客; 지나는 나그네.
광음자 백대지 과객

세월[光陰]이라는 것[者]은 영원히[百代]
지나가는 나그네[過客]라네

而浮生 若夢爲歡 幾何 *浮生; 덧없는 인생. 幾何; 얼마이겠는가?
이부생 약몽위환 기하

하여 덧없는 인생[浮生]이 꿈과 같으니[若夢]
즐거움[歡]이 그 얼마[幾何]이겠는가?

故人 秉燭夜遊 良有以也 *秉; 잡을 병. 燭; 촛불 촉.
고인 병촉야유 양유이야

옛사람[故人]들 촛불 밝혀[秉燭] 밤에 유유자적함[夜遊]은
참 까닭이 있었나니[良有以也]라.

況 陽春 召我以 煙景 *況; 하물며 황. 煙; 연기 연→煙景; 좋은 경치.
황 양춘 소아이 연경

하물며 화창한 봄[陽春]이 나를 초대[召我以]하여
아름다운 경치를 느끼게[煙景] 하나니

大塊 假我以 文章 *塊; 흙덩이 괴→大塊; 大地(대지). 假; 빌릴 가.
대괴 가아이 문장

대지[大塊]는 글 쓸 문장(文章)을 잠시
내게 빌려주기[假我以]까지 함이라

會 桃李之 芳園 序天倫之 樂事 *桃李; 복사-오얏꽃. 倫; 인륜 윤.
회 도리지 방원 서천륜지 락사

복사꽃 오얏꽃[桃李]이 핀 화원[芳園]에 모여[會]서 형제간의 교류 가짐[序天]이 참으로 즐거운 일[樂事]이로다

群季俊秀 皆爲 惠連 *季; 끝 계→群季(군계); 아우들. 皆; 다 개→皆爲(개위); 모두 ~이 되다.
군계준수 개위 혜련

모인 아우들[群季]의 뛰어난 글재주[俊秀]는
혜련(惠連) 같은 문장가가 모두 되리[皆爲]니

吾人 詠歌 獨慙 康樂 *詠; 읊을 영. 慙; 부끄러울 참.
오인 영가 독참 강락

내가[吾人] 시가를 읊는다는[詠歌] 것은
강락공(康樂公)께 스스로 부끄러운 일이라[獨慙]네

幽賞 未已 高談 轉淸 *幽; 그윽할 유. 轉; 구를 전.
유상 미이 고담 전청

그윽한 감상[幽賞]이 그치지 않고[未已] 고고한 담론[高談]이
한층 더 청아(淸雅)함을 발하고[轉淸] 있음이라

開 瓊筵以 坐花 *瓊; 옥 경. 筵; 대자리 연→瓊筵; 옥 같은 대자리를 펴다.
개 경연이 좌화

연회를 열고[開] 옥 같은 자리를 펴[瓊筵]고
꽃 속에 앉아[坐花]

飛 羽觴而 醉月 *羽; 깃 우(날개). 觴; 잔 상. 醉; 취할 취.
비 우상이 취월

어느덧 술잔[觴]이 여러 순배 돌고 돌아[飛羽而]
달빛에 취하니[醉月]

不有 佳作 何伸 雅懷 *伸; 펼 신. 雅; 우아할 아. 懷; 품을 회.
불유 가작 하신 아회

아름다운 詩를 짓지 않는다[不有佳作]면
우아하게 품은 생각[雅懷]을 어찌 펼 수 있으리오[何伸]

如 詩不成 罰依 金谷酒數 *罰; 죄 벌. 依; 의지할 의.
여 시불성 벌의 금곡주수

제때 詩를 짓지 못한다[如詩不成]면
그 벌로[罰依] 금곡의 술잔 수[金谷酒數]대로 하리라

[解]

무릇, 하늘과 땅이란 곳은 萬物(만물)의 旅館(여관)이요, 세월은 영원히 지나가는 나그네[客(객)]라네. 덧없는 인생이 꿈과 같으니 그 즐거움[樂(락)]이 얼마나 되랴. 옛사람이 촛불을 밝혀[秉燭(병촉)] 늦은 밤까지 놀던 것은 참으로 까닭[理由(이유)]이 있어서인데, 하물며 화창한 봄날[春日(춘일)] 나로 하여금 아지랑이 핀 아름다운 경치[煙景(연경)]를 느끼게 하고, 대지는 글 쓸 문장까지 잠시 내게 빌려[借(차)]줌에랴. 복사꽃 오얏꽃[桃李(도이)]이 만발한 동산에 모여 형제들 간의 좋은 일[序天倫(서천륜)] 가짐이란 참으로 즐거운 일이로다. 여러 아우들[群季(군계)]의 뛰어난 글재주는 모두 惠連(혜련) 같지만, 내가 읊은 詩歌(시가)는 홀로 康樂公(강락공)에게 부끄럽기만 하다네. 그윽한 감상이 끝나지 않고, 高尙(고상)한 談論(담론)은 더욱더 淸雅(청아)해지고, 玉(옥) 같은 자리를 펴고 꽃 속에 앉아 술잔[觴(상)]이 돌고 돌아 달빛에 취하니[醉月(취월)], 아름다운 시작품이 있지 않으면 어찌 優雅(우아)한 생각을 펴리오. 만약, 제때 詩를 짓지 못한다면[如詩 不成(여시 부성)] 그 벌로 금곡의 술잔 수[金谷酒數(금곡주수)]대로 罰(벌)하리라.

[註]

*惠連(혜련); 南北朝(남북조) 때 宋(송)나라 시인이며 문장가다. 본명은 謝惠連(사혜련)(397~433)이고, 詩才(시재)가 뛰어나 族兄(족형)인 謝靈運(사영운)과 더불어 '大謝·小謝(대사소사)'라고 했으며, 일반적으로 '詩文(시문)'이 뛰어난 동생을 칭할 때는 '惠連(혜련)'이라고만 쓴다.

*康樂(강락); 본명은 謝靈運(사영운)(385~433)이고, 字는 宣明(선명)이며 南北朝(남북조) 때 宋(송)나라의 山水詩人이다. 저서로 『謝康樂集(사강락집)』이 있다. '康樂侯(강락후)'로 封(봉)해졌기 때문에 '康樂公(강락공)'이라 불리었으며, 명문장가로서 盛唐(성당) 때의 시선 李白조차도 그의 시풍을 欽慕(흠모)해 은근히 자신을 康樂(강락)의 詩에 비유했다.

*金谷(금곡); 河南省(하남성) 樂鄕縣(낙향현)의 서쪽에 있는 金水가 흐른다는 골짜기.

*金谷數酒(금곡수주); 東晉末(동진말)에서 南北朝(남북조) 초기 때, 거부였던 '石崇(석숭)'이라는 사람의 金谷(금곡)庭園(정원)에서 연회를 열면서 차례에 따라 詩를 제대로 짓지 못하는 者에게 罰酒(벌주)로 술 석 잔[酒三杯(주삼배)]을 마시게 한 데서 유래된 말이다.

*石崇(석숭)은 대부호이었으나 '綠珠(녹주)'라고 하는 첩 때문에 餓死(아사)했다고 한다.

*謝靈運(사영운), 謝惠連(사혜련), 謝朓(사조)를 '三謝(삼사)'라고 하며, 그 중 靈運(영운)과 惠連(혜련)을 '大·小謝(대소사)'라고 칭한다.

[參]

李白(701~762)은 盛唐代의 詩仙으로서, 동시대 詩聖이라 불리는 杜甫(712~770)와 함께 詩界의 兩大山脈이었다. 字는 太白이고, 號가 '靑蓮'이어서 '靑蓮居士'라고도 불리었다. 그의 시풍은 抒情性이 퍽 뛰어났으며, 낭만적이면서도 귀족적 唯美主義[耽美主義]자였다. 그래서 감각과 직관에서만은 독보적이다. 자연미 중에서도 특히 달[月]을 素材로 한 詩가 많다 -'달아달아 밝은 달아 李太白이 놀던 달아'라고 전해져 내려온 風習詩를 우리들은 幼年時節부터 익히 듣고 불러왔을 정도이니 이미 능히 그러하리라.

그의 代表作 가운데 널리 알려진-「春夜宴 從弟 桃李園序」라는 詩는 '봄날 從弟들과 복사꽃·오얏꽃이 만발한 芳園에서 宴會를 열고 각자 詩作을 하며 즐기는 그때의 感興과 感賞을 순서대로 펼쳐놓은 아주 아름다운 詩'이다. 時·空의 차이가 있을 수 있고, 感賞하는 사람도 각기 다를 터-, 이를 解寃하는 의미 또한 다르겠지만, 「우주의 變化無雙함 속에서 '인생이란 白駒過隙과도 같은 짧은 세월에 불과하다'라는 점을 참작하여, '매사에 침착하고 率先垂範해서 이웃은 물론 친족들과도 잘 和合하며, 自省하며 잘못에 대한 용서를 구하고 바로잡아 나아감이로다.'라고 하는 趣意[趣旨]일 것이로되. '正心, 修身齊家 治國 平天下'라. 이는 '解寃相生'과 '報恩相生'의 礎石이 됨이다」라는 깊은 뜻을 지니고 있음을 先覺者 甑山(姜一淳)께서 일깨워 주심이로고.

▶韓漢詩의 自由詩(自律詩)에 관한 例示…
한 한시 자유 자율 예 시

바로 앞장에서 李 白의 古詩(古體詩-自律詩)인 「春夜宴 桃李園序」와 脈을 같
고 시 고 체 자율 춘 야 연 도 리 원 서 맥

이한 順 道의 「仲秋 閒想」 詩이다. 이에 관한 例詩를 한번 詠讀해 보자면-
중 추 한 상 예 시 영 독

韓漢詩(1).
한 한시

仲秋 閒想 중추 한상

-順 道(1940~)-

前有盛夏 後有嚴冬兮 *前有~後有~; 전에도 ~이었고 후에도 ~있을. 嚴; 엄할 엄.
전 유 성 하 후 유 엄 동 혜 전 유 후 유

전날엔 무더운 여름이었고 후일엔 엄동설한이겠지

非特氣炎天 亦勿酷寒 *非特~亦勿~; 특별히 ~않고 역시 ~않다.
비 특 기 염 천 역 물 혹 한 비 특 역 물

지금 날씨가 특별히 덥지도 않고 그렇다고 춥지도 않으니

我識已驚 仲秋節也 *驚; 놀랄 경. 已; 이미 이→*巳; 뱀 사(*己; 몸 기).
아 식 이 경 중 추 절 야 경 이 사 기

벌써 중추절임을 알게 되어 놀랍고도 경이롭구나.

是何也 甚 仲商佳節 *是何也; 어찌 ~아닐손가? 仲商節=仲秋節=秋夕.
시 하 야 심 중 상 가 절 시 하 야 중상 절 중추 절 추석

중상절(중추절)이 어찌 아름다운 계절이라 하지 않을손가?

與滿月 三五夜 秋夕到來 *與; 더불 여. 三五夜(十五夜); 음력 보름 밤.
여 만 월 삼 오 야 추 석 도 래

만월과 더불어 음력 보름 밤 추석 한가위가 되었나니

各處族會 充滿之喜 多矣 *喜; 기쁠 희. 多矣; 매우 많다.
각처족회 충만지희 다의

각처에서 온 가족들이 모여 기쁨으로 가득할 터이고

奔忙於廚 爲 親之飮食 *奔; 분주할 분. 忙; 바쁠 망. 於; ~에. 廚; 부엌 주→廚房.
분망어주 위 친지음식 주방

부엌에선 친지들 음식 준비에 분주하고 바쁘겠지

厚味嗅感 滿堂庭園 *厚; 두터울 후. 嗅; 맡을 후→*厚味嗅感; 맛있는 냄새.
후미후감 만당정원 후미 후감

맛있는 음식 냄새가 온 집안 가득하겠구나

年過八秩 甲胄武裝也 *八秩(傘壽); 80세. 甲胄武裝; 마음을 단단히 함.
년과팔질 갑주무장야 갑주 무장

나이 80이 넘었음에도 단단히 정신무장을 하고

忘息忘憂 以奮發兮 *奮; 일으킬 분→*奮發; 맘과 힘을 돋우어 일으킴.
망식망우 이분발혜 분발

쉼도 근심도 잊은 채 열심히 분발하여

日新 無限習得 尖端術
일신 무한습득 첨단술

나날이 새로워져만 가는 첨단 기술을 익혀 행하며

世上事 對應 鬪爭哉 *鬪; 싸움 투→*鬪爭(투쟁); 극복키 위해 싸우는 것.
세상사 대응 투쟁재

아직도 세상 일에 맞대응해 투쟁해야 한다니

目前 至如今 惟恭 *目前; 현재. 至如今; 지금에 와서야. 惟; 생각할 유. 恭; 삼갈 공.
목전 지여금 유공

지금에 와서야 곰곰이 생각해 봐도

吾獨居 何有 於我哉 *吾; 나 오. 居; 살 거. 何有; 어찌 있을 수 있는가?
오독거 하유 어아재

나 홀로 살게 되었음에 어찌 이런 일이 내게 일어날 수 있단 말인가?

忘憂鬱 忘憂物 唯一兮 *憂; 근심할 우. 鬱; 답답할 울. 忘憂物(망우물); 술(憂鬱을 잊음)
망우울 망우물 유일혜

세상 시름 잊게 해주는 것 유일무이한 것 술[忘憂物]뿐인데-

不惟 陰之於酒 而又 通之於神 *不惟~而又; not only~but also~
불유 음지어주 이우 통지어신

술 마심은 취해 즐거울 뿐만 아니라 神(신)과 더불어 疎通(소통)함이라.

[解]

지난날은 三伏酷暑이었고 다가올 후일은 嚴冬雪寒이 되겠지-

지금 날씨가 특별히 덥지[夏]도 않고 그렇다고 춥지[冬]도 않으니 벌써 仲秋(仲商)節이 되었음을 알게 되었도다. 과히 놀랍고[驚異]도 신비롭구나. 仲商(仲秋)節이 어찌 아름다운 계절이라 하지 않을손가? 음력 팔월 보름 滿月과 더불어 秋夕 한가위가 되었나니, 各處에서 온 家族들이 함께 모여 기쁨으로 充滿할 터이고, 부엌에선 親知들 위한 음식 준비에 매우 奔走하겠구나. 맛있는 음식 냄새가 온 집안 가득함[滿堂] 속에도, 나이 八十[傘壽] 넘어 단단히 精神武裝을 하고 쉼도 근심도 잊은 채 열심히 분발하여 나날이 새로워져만 가는 尖端 技術을 익혀 실행하며 아직도 세상 일에 競爭하며 鬪爭해야 하는 중에-

오늘날에 와서 아무리 곰곰이 생각해 봐도[惟恭] 홀로 살게 되었음[獨孤生活]에 어찌하여 이런 일이 내게 일어날 수 있단 말인가[何有 於我哉]? 하여, 답답하고 憂鬱함을 잊기 위해선 唯一無二한 술[忘憂物]뿐인 줄로만 여기고 살아왔으나, 술[酒]을 마심은 곧 神과 疏通하기 위함이라는 것도 알게 되었다네.

[参]

위 韓漢詩는 중국의 近詩[近體詩-定型詩]에서 金科玉條처럼 여기는 押韻을 의식하지 않았다. 하여, 律呂[律格]가 성립되지 않는다. 字句 수도 일정치 않다. 따라서 行聯이 자유롭다. 詩적 문법도 自由文法이다. 그러나 韓漢詩로서의 格式과 格調는 나름 세워 보았다. Story 전개로 뜻한 바를 詩적으로 表現하고자 애쓰며 詩作했다. 漢字를 자유롭게 구사하여 詩作한 韓漢詩가 널리 펼쳐졌으면 하는 念願 때문이다.

우리의 漢詩 歷史를 살펴보면, 中華主義로부터 자유로워지려고 부단히 애써온 先人, 聖人, 賢人들이 있었다. 결과는 지금도 進行형이라는데 문제가 쌓여 있다. 중국의 漢字는 聲調[四聲]를 기반으로 한 表音文字이다. 그리하여 漢詩도 노랫가락으로 作詩되기를 요한다. 우리는 漢字를 借用해서 우리가 필요한 대로 사용할 뿐이다. 우리나라 글은 表意文字이다. 뜻을 強調하고 窮究한다. 文化적 情緖적으로 서로 다르니 詩作에 있어서 어찌 같을 수 있겠는가?

제4부

激動의 歲月을 살다 간 於于堂 柳夢寅
격동 세월 어우당 유몽인

"나는 혼자다. 내 마음 가는 대로 간다. 내 마음이 돌아가는 곳이 오직 하나의 삶[生]일 따름이니 그 거취가 어찌 자유롭지 않겠는가?"
생

그는 당시의 중국 것[中華主義]을 벗어나려고 애썼으며, 그의 글들은 그러했다. 특이한 詩 두 편을 살펴보자.
중화 주의

熟刀 鳥 숙도 조

-於于堂 柳夢寅(1559~1623)

熟刀鳥 聲篤篤 *篤; 도타울 독→篤篤(독독); 새 우는 소리→*속독속독(擬聲語(의성어)).
숙도조 성독독

숙도 조 우는 소리 속독속독

旣無刀 更無机 *旣; 이미 기. 更; 다시 갱, 고칠 경. 机; 책상 궤, 도마 궤.
기무도 갱무궤

칼도 없고 도마도 없이

終日 篤篤 割蘿蔔 *割; 나눌 할. 蘿; 무 라(나), 蔔; 무 복→蘿蔔(나복); 무.
종일 독독 할라복

종일토록 속독속독 무를 써네.

僧房 有客來 索飯 *僧; 중 승. 索; 찾을 색, 다할 삭→索飯(삭반); 정성 들여 공양하다.
승방 유객래 삭반

승방에 손님 들어 공양하고자 함인가

刀机 相薄聲 相續 *簿; 장부 부홀(笏). 續; 이을 속→相續; 주거나 받음.
도 궤 상박성 상속

칼로 도마질하는 소리 그치질 않네.

山中 鳥巧 能學 *巧; 공교할 교. *能學; 능히 배우다.
산 중 조 교 능 학

산속 새가 어찌 그런 칼질 배워

是而鳴 篤篤 *是; 옳을 시. 鳴; 울 명.
시 이 명 독 독

그렇게 속독속독 울어대는가?

[註]

於于堂(어우당)은 柳夢寅(유몽인)의 호다. 조선조 제14대 宣祖(선조)(1552~1608) 때의 문신, 학자, 문장가이다. 吏曹參判(이조 참판)에 이르렀으나, 仁祖反正(인조반정) 때 楊洲(양주) 西山(서산)에 은신 중 詩禍(시화)로 賜藥(사약)을 받고 죽임을 당했다. 書體(서체)에도 뛰어났으며 說話文學(설화문학)의 대가였다. 說話集(설화집) 『於于野談(어우야담)』이 있으며, 각종 野史(야사), 巷談(항담), 街說(가설) 등은 기지 넘친 풍자적인 내용으로 유명하다. 위 한시는 五言絶句(오언 절구)나 七言絶句(칠언 절구)도 아니요, 더군다나 律詩(율시)도 아니다. 해서, 우리가 흔히 埋沒(매몰)되어 연연해온 押韻(압운)이 어쩌고저쩌고 가림질할 것도 없다.

▶중국 宋나라 말, 詩禍(시화)로 貶謫(폄적)* 생활을 했던 後村(후촌) 劉克莊(유극장)(1187~1269)의 유명 七言絶句 詩「鶯梭(앵사)」를 앞장의 於于堂(어우당) 詩「熟刀鳥(숙도조)」와 비교 음미해 보자면-

*貶謫(폄적); 벼슬 등급을 떨어뜨리고 멀리 流配(유배) 보냄.

鶯 梭 앵 사「꾀꼬리와 베틀 북」

-後 村 劉克莊(1187~1269)-

擲柳遷喬 太有情 (척류천교 태유정) *擲; 던질 척. 遷; 옮길 천. 喬; 높을 교. 太; 클 태.

버드나무 높은 가지마다 꾀꼬리가 옮겨 다니며 매우 정겹게

交交時作 弄機聲 (교교시작 롱기성) *弄; 희롱할 롱(농). 機; 기계 기→機聲; 기계 소리.

시시때때로 이리저리 날아다니면서 베 짜는 베틀 소리 흉내 내네.

洛陽三月 花如錦 (낙양삼월 화여금) *洛陽; 중국 허난성 서부 도시(古都(고도)의 하나).

낙양의 삼월에 피는 꽃은 비단처럼 곱고 화사한데

多少工夫 織得聲 (다소공부 직득성) *織; 짤 직→織聲=鶯聲; 꾀꼬리 노랫소리.

그 많은 공[多工(다공)]을 들여 어찌 비단[鶯聲(앵성)]을 짜내는 것[織(직)]일까?

[註]

*꾀꼬리 새[鶯鳥]가 버드나무 사이를 왔다 갔다 하며 부르는 노랫소리[鶯聲]를 마치 베틀 북[梭]이 왔다 갔다 하며 내는 소리[弄機聲과 織得聲]에 대입하여 詩作한 後村 劉克莊의 칠언절구인「鶯梭」詩와,

*소쩍새 우는 소리[篤篤聲]를 도마 위에서 칼질하는 소리[刀机聲]로 對應시킨 於于堂 柳夢寅의 自律詩「熟刀 鳥」詩는 그 優劣을 가릴 수 없을 만큼 매우 흥미진진한 모범적 秀作들이라는 것을 알 수 있다.

▶於于堂(어우당) 柳夢寅(유몽인)은 조선조 光海君(광해군) 때의 大北派(대북파) 정권에 소신껏 바른말 하고 행동하다 罷免(파면)됐지만, 정권을 뒤엎을 反政(반정) 세력에 동조하지도 않았다. 단지 당파에 밀리고 밉보여 逆謀(역모) 嫌疑(혐의)로 체포되었고, 다음의 「霜婦詞(상부사)」 詩가 빌미가 되어 賜藥(사약)을 받아 처형된다. 일종의 詩禍(시화)인 점으로 보아 앞서 「鶯梭(앵사)」 詩를 지어 貶謫(폄적) 생활했던 後村(후촌) 劉克莊(유극장)과 매우 흡사하다 할까(?).

霜婦 詞상부 사「청상과부 타령」

-於于堂 柳夢寅(1559~1623)-

七十 老孀婦(칠십 노상부) *孀; 과부 상→靑孀寡婦(청상과부)(준말, 孀婦(상부)); 젊어서 홀로된 부인.

칠십 먹은 늙은 청상과부가

單居 守闕空(단거 수궐공) *單; 홀로 단. 居; 살 거. 守; 지킬 수. 闕; 대궐 궐. 空; 빌 공.

홀로 빈 대궐 방 지키고 있어

傍人 勸之嫁(방인 권지가) *傍; 곁 방→傍人; 옆 사람. 勸; 권할 권. 嫁; 시집 가.

주위 사람들 시집가라 권하는데

善男 顔如槿(선남 안여근) *顔; 얼굴 안. 槿; 무궁화 근.

남자 얼굴 무궁화꽃 같다 하네

慣誦 女史詩 *慣; 버릇 관습관 관. 誦; 욀 송. 女史(女官)*;
관송 여사시

여사의 詩를 익숙하게 읊고

猪知 姙史訓 *猪; 돼지새끼 저→*猪知; 조금은 앎. 姙; 애 밸 임→姙史*;
저지 임사훈

임사의 교훈도 제법 아는데

白首 作春卷 *卷; 쇠뇌 권→作春卷*;
백수 작춘권

흰 머리를 젊게 꾸민다면

寧不 愧脂粉 *寧; 편안 영(寧不*). 愧; 부끄러워할 괴. 脂; 기름 지. 粉; 가루 분.
영불 괴지분

연지분 바름이 부끄럽지 않겠는가?

[註]

*女史(여사); 옛 중국에서 後宮(후궁)을 섬기어 기록과 문서를 맡아보던 女官(여관).

*姙史(임사)=妊史之德(임사지덕); 妻(처)나 后妃(후비)의 賢淑(현숙)한 德行(덕행).

*作春卷(작춘권); 아름답게 꾸미는 짓거리(행위).

*寧不(영불); 오히려 ~하지 않겠나?

▶初心者(초심자)의 漢詩作(한시 작)을 위해 模作(모작)과 改作(개작)의 例(예)를 올려보았다.

다음 두 편을 檢討(검토)해 보고 參考(참고)하기 바란다.

위 於于堂(어우당)의 「霜婦詞(상부사)」 詩를 현대판으로 다음과 같이 模作(모작)해본 것이다.

於于堂(어우당) 詩보다는 좀 더 자유롭다고 생각되어서이다.

處婦 詞 처부 사 「처녀과부 타령」

模作, -順 道-

六十五 老處婦(육십오 노처부) *處婦; 處女寡婦(처녀 과부). 詞; 말씀 사, 타령 사.

육십 오세 늙은 처녀 과부가

獨孤居 守瓦臺(독고거 수와대) *獨居; 늙어 자식도 없이 혼자 사는 사람. 守; 지킬 수. 瓦臺; 靑瓦臺(청와대).

홀로 외롭게 푸른 기와집[靑瓦]를 지키며 살고 있으니

支持者 勸之嫁(지지자 권지가) *支持; 찬동하여 후원함. 勸; 권할 권. 嫁; 시집갈 가.

지지자들이 시집가라 권하는데

順實貌 樣槿惠(순실모 양근혜) *樣; 모양 양, 닮을 양.

순실이 근혜 같은 양 닮아가는구나

慣習 無信不立 *慣; 익숙할 관. 習; 익힐 습, 되풀이할 습.
관습 무신불입

무신 불입이란 말 입버릇처럼 익숙해지고

猪知 巫俗招神 *猪; 새끼돼지 저, 조금 저. 巫; 무당 무. 招; 부를 초, 내림 초.
저지 무속초신

무속 신에 대해서 조금은 알고 있을 터이니

陋顔 粉作春卷 *陋; 더러울 루. 顔; 얼굴 안. 粉作春卷*; 분으로 예쁘게 꾸미려는 일.
루안 분작춘권

주름진 얼굴 아름답게 뜯어고친다고 해서

寧不 羞恥脂粉 *寧; 편안 영. 寧不; 어찌 ~하지 아니하느냐? 羞恥; 羞恥心.
영불 수치지분 수치심

연지분 바른다는 것 어찌 부끄럽지 않겠는가?

[註]

*無信不立; 믿음이 없으면 매사 성립될 수가 없다.
무신불입

*巫俗神; 무당들이 믿는 신→巫俗招神; 무속에서 神을 부름(신 내림).
무속신 무속초신 신

[考]

「霜婦 詞」의 於于堂에게 賜藥을 내렸던 詩禍 때처럼,
상부사 어우당 사약 시화

「處婦 詞」의 模作을 한 順道에게도 賜藥을 내릴까(?)
처부사 모작 사약

春風夜雨 춘풍야우❶

-習齋 權 擘(1520~1593)-

花開因雨 落因風 *因; 인할 인(~으로 인하여, ~ 때문에).
화개인우 낙인풍

비에 피어난 꽃이 비바람에 지니

春去秋來 在此中 *此; 이 차→在此中*; ~이 가운데 있다.
춘거추래 재차중 재차중

가고 오는 봄이 이 가운데 있구나.

昨夜春風 兼有雨 *兼; 겸할 겸(~과 더불어).
작야춘풍 겸유우

간밤에 바람 불고 비까지 내리더니

桃花滿發 杏花空 *桃; 복숭아 도. 杏; 살구나무 행.
도화만발 행화공

복사꽃 활짝 피니 살구꽃 모두 졌네.

[註]

權 擘(권 벽); 조선 중기 문신, 호는 習齋(습재)다. 乙巳士禍(을사 사화)(1545년 왕실 외척인 尹任(윤임) 일파 大尹(대윤)이 尹元衡(윤원형) 일파 小尹(소윤)에게 탄압을 받으면서 士林(사림)이 禍(화)를 입은 사건)에 연루되어 모든 교류를 끊은 채 학문에 전념, 時調(시조)에 능했고, 許 筠(허 균)(1569~1618), 盧守愼(노수신)(1515~1590) 등과 친교했으며, 『七夕偶書(칠석우서)』, 『對月惜花(대월석화)』 등의 저서를 남겼다.

▶앞 習齊 선생의 詩에서 花-花-花, 因-因, 春-春, 有-有 등처럼 같은 漢字가 반복되어 중국의 古體詩[古詩]에서는 통용되나, 近體詩[近詩]에서는 詩作의 금기사항 중 하나라 여겼기에, 本詩의 뜻이 변질되지 않는 範疇 내에서 다음처럼 改作한 詩를 律呂[律格]와 무관하게 시도해 보았다. 참고하기 바란다.

春夜風雨 춘야풍우❷

改作, -順 道-

花開因風 果緣秋 *因; ~으로 인하여. 緣; ~연으로 인하여.
화 개 인 풍 과 연 추

봄바람에 꽃 피고 가을엔 열매 맺으니

春去秋來 在變相 *變; 변할 변→在變相(時相의 變化); 四季節의 變化.
춘 거 추 래 재 변 상

봄 가고 가을이 옴은 시상(時相)의 변화(變化)이어라

昨夜猛雨 併起風 *昨; 어제 작. 猛; 사나울 맹. 併; 아우를 병.
작 야 맹 우 병 기 풍

지난밤 세찬 비바람 불더니만

桃李滿發 紅梅盡 *桃李; 복숭아와 오얏. 紅梅; 붉은 매화. 盡; 다할 진.
도 리 만 발 홍 매 진

도리화(桃梨花) 만발하니 홍매화는 다 져버렸구나.

[註]

*因~ 因~(因~ 緣~); ~로 인하여.
인 인 인 연

*在變相(時相變化); 四季節의 變化.
재 변 상 시 상 변 화 사계절 변화

제5부

五言絶句 五言律詩

▶엊그제 내린 초겨울 비에 形形色色(형형색색) 그리도 고왔던 단풍잎은 우수수[蕭蕭(소소)] 지고 가을 채비 한창이구나. 詩歌(시가)에 능했다던 松江(송강) 鄭(정) 澈(철), 관동 어느 山行이었던가? 이맘때쯤 山寺에 들어 읊었다는 詩…

沙 彌사 미

-松江 鄭 澈(1536~1593)-

蕭蕭 落葉聲 *蕭; 쓸쓸할 소→蕭蕭; 우수수 내리는 비바람(쓸쓸 적막함).
소 소 낙 엽 성

우수수 내리는 비바람에 낙엽 지는 소리

錯認 爲疎雨 *錯; 그르칠 착→錯認(錯誤(착오)=錯謬(착류)); 착각에 의한 잘못.
착 인 위 소 우

성긴 빗소리로 잘못 알고

呼僧 出門看 *呼; 부를 호→呼出(召喚(소환)); 불러냄. 看; 볼 간.
호 승 출 문 간

사미승(沙彌僧) 불러 문간에 나가보라 했더니

月掛 溪南樹 *掛; 걸 괘. 溪; 시내 계.
월 괘 계 남 수

시냇가 남쪽 나뭇가지에 달 걸렸다 하네

[註]

沙(砂); 모래 사, 사막 사. 彌; 널리 미, 두루 미(두루두루).

*沙彌(사미)[佛,범어 Saramanera의 音譯(음역)]; 불문에 들어가 아직 수행이 미숙한 남자 애를 일컫는 말이다. 沙彌(사미)는 軀烏沙彌(구오사미), 明字沙彌(명자사미), 應法沙彌(응법사미)의 셋으로 나뉘고, 이를 일컬어 沙彌僧(사미승)이라 한다. 여자승은 沙彌尼(사미니)이다. 하여,

*沙彌僧(사미승)↔沙彌尼(사미니).

*絶句(절구); 近體詩(근체시)[近詩(근시)=定型詩(정형시)]의 하나며, 五言이나 七言이나 八句로 된 律詩(율시)의 앞부분 四句나, 뒷부분 四句를 半絶(반절)(斷絶(단절))한 것이다.

*반드시 起(기)-承(승)-轉(전)-結(결)이 요체이며,

起(기); 起要平直(기요평직)→起(기)는 평평하고 직선을 요하며,

承(승); 承直春容(승직춘용)→承(승)은 침착하고 조용함을 요하며,

轉(전); 轉要變化(전요변화)→轉(전)은 변화를 요하며,

結(결); 結要淵永(결요연영)→結(결)은 심원한 것을 요한다.

▶인생은 고독이다-고독도 병이런가?

孤獨 고 독

-順 道-

孤獨 由寂寞 *由; 비롯할 유(~로 인하여 ~하다).
고 독 유 적 막

고독은 적막에서 비롯되며

寂寞 是孤島 *是; 옳을 시, ~이다(자동사).
적 막 시 고 도

적막은 곧 외로운 섬이다.

孤獨 存在衆 *在; 있을 재(存在하다).
고 독 존 재 중

고독은 대중 속에서도 존재하며

大衆 集個個 *集; 모을 집(한곳으로 모으다).
대 중 집 개 개

대중은 곧 개개인의 집합체이다.

[註(주)]

*참되게 熱心(열심)히 산다는 것, 개개인의 競爭(경쟁)이 아니라 끝없는 自身(자신)과의 孤獨(고독)한 鬪爭(투쟁)이다. 하여, 애쓴 삶은 尊貴(존귀)한 生(생)의 眞實(진실)된 모습이다.

*索居閑處(색거한처); 한가로운 곳을 찾아, 沈默寂窈(침묵적요); 고요히 침묵하며 생각하고 究考尋論(구고심논); 옛사람의 本末(본말)을 찾아 토론하며, 散慮逍遙(산려소요); 사람의 삶에 보탬이 되고자 하였나니, 欣奏累遣(흔주루견); 세상 번뇌를 흩어버리고, 感謝歡招(감사환초)하나니라.

▶술[酒]은 잘 먹으면 藥이 되지만, 그렇지 않으면 毒이 된다.
주 약 독

옛 선비들은 술잔을 들고 詩吟의 風流를 탐닉했다. 한번 참고해 보자.
시음 풍류

贈, 醉客 증 취객

-梅 窓-

醉客 挽羅衫 *挽; 당길 만. 衫; 적삼 삼, 저고리 삼→羅衫; 비단 저고리.
취 객 만 라 삼 라 삼

취한 손님 명주 저고리 옷자락 잡아끄니

羅衫 隨手裂 *隨; 따를 수. 裂; 찢어질 열(렬).
나 삼 수 수 열

손길 따라 소리 내며 적삼이 찢어지네요.

不惜 一羅衫 *惜; 아낄 석→惜春*; 가는 봄을 아쉬워함.
부 석 일 나 삼 석 춘

명주 저고리 하나쯤이야 아까울 것 없지만

但, 恐 恩情絶 *但; 다만 단. 恐; 두려울 공. 恩情*; 은혜로운 정
단 공 은 정 절 은정

다만, 임이 주신 恩情까지 찢어질까 두렵습니다.

[註]

梅窓(매창) 桂娘(계낭)(1573~1610)은 조선조 중기 전라 扶安(부안)의 名妓(명기)였다. 자신의 몸을 貪(탐)하는 주객들의 要求(요구)에 詩를 지어서 살며시 물리쳤다고 한다. 그런 그녀가 許筠(허균)(1569~1618), 李貴(이귀)(1557~1633) 등과 친분 관계를 맺었음에도, 유독 천민 출신 劉希慶(유희경)(1545~1636)과는 심신을 다한 사랑에 빠졌고, 두 사람은 妓生(기생)과 賤民(천민) 출신으로서 느낄 수 있는 疎外感(소외감)을 서로 어루만지며 28세의 나이 차이를 뛰어넘어 시대를 초월한 사랑으로 昇華(승화)시켰기에, 오늘날까지 전해 내려오는 雲雨之情(운우지정)*의 아취가 흠뻑 젖어 있다.

*雲雨之情(운우지정); 남녀 사이에 나눈 交合(교합)의 情(정) -「춘추 전국시대 楚(초)나라 襄(양)왕이 꿈에 한 여인과 同寢(동침)을 했는데 그 여인이 떠나면서, "자신은 巫山(무산)의 女神(여신)으로 아침에는 구름[雲(운)]이 되었다가 저녁이 되면 비[雨(우)]가 되어 내린다"고 말했다」는 그런 여인과의 情意(정의)를 의미하는 故事成語(고사성어)다.

*巫山之夢(무산지몽), 巫山之雲(무산지운), 巫山之雨(무산지우), 巫山雲雨(무산운우), 朝雲暮雨(조운모우) 등의 類義語(유의어)가 있다.

霜 晩秋 상 만추

-順 道-

晩秋 幽絳山 *晩秋=暮秋; 늦가을. 幽; 그윽할 유. 絳; 진홍 강.
만 추 유 강 산 모추

늦가을 붉게 물든 그윽한 깊은 산

空林 落葉聲 *空林; 텅 빈 터. 落葉聲; 낙엽 지는 소리.
공 림 낙 엽 성

터~엉 빈 숲속 지는 잎새 소리

落紅 難上枝 *紅; 붉을 홍→絳; 진홍 강. 難上枝; 다시 돌아갈 수 없음.
낙 홍 난 상 지

붉은 잎 지고 나면 다시 돌아갈 수 없음이로고

滿月 思寒江 *滿月=盈月; 둥근 달. 思寒江; 맑고 고운 강을 회고함.
만 월 사 한 강 영월

둥근 달 맑은 강을 회고하니

[註]

1句의 字數(자수)에 따라 5言·7言의 구별이 있고, 1句 5字인 경우 五言律詩(오언율시)이다.

같은 近體詩(근체시)(近詩(근시)=定型詩(정형시))인 絶句(절구)시보다 형식이 까다롭다. 즉, 字數(자수), 句數(구수), 聲韻(성운), 對偶(대우) 등 모두 엄격하고 규율에 맞아야 하는 까다로움이 있다.

秋霜 顧熱日 *顧; 돌아볼 고. 熱; 더울 열→烈日; 뜨겁고 더운 날, 고난의 날.
추 상 고 열 일

가을 찬 서리에 고난스러웠던 지난날 회고케 하는구나

雖身 駐岬恩 *雖; 비록 수(비록~할지라도). 駐; 머무를 주. 岬; 산허리 갑.
수 신 주 갑 은

비록 이 몸은 恩平 산허리쯤에 머물고 있지만

心靈 在鶯鳳 *靈; 영혼 영(령). 鶯; 꾀꼬리 앵. 鳳; 봉황 봉→鶯鳳山; 서오능 뒷산.
심 령 재 앵 봉

심령만은 붉게 단풍 든 산[鶯鳳山]에 거하나니

萬事 如亮心 *亮; 밝을 양(량)→亮心; 밝고 맑은 마음.
만 사 여 량 심

만사가 밝고 맑은 마음 같도다.

[註]

難上枝; 落花難上枝의 준말; 떨어진 꽃은 다시 가지 위로 되돌아갈 수가 없다. 헤어진 夫婦는 다시 結合하기가 어렵고, 크게 깨달은 사람은 다시 迷惑되지 않는다는 比喩.

*律詩; 율시의 淵源은 近體詩(近詩=定型詩)의 하나다. 길게 읊(永 吟詠)고, 律은 소리에 和한(律 和聲)다. 따라서 律詩란 聲律이 있는 詩를 가리키는 말이다.

*蘇東坡는 “詩作이란 行雲流水와 같아 애초에 定法은 없다. 항상 가야 할 곳에 가고, 서야 할 곳에 서는 것뿐이다.”라고 주장했다.

제6부

七言絶句

送 二使安西

-王 維(701~761)-

起 : 渭城朝雨 浥輕塵 *渭; 강 이름 위. 浥; 적실 읍. 輕; 가벼울 경. 塵; 티끌 진.
기　 위성조우 읍경진

위성의 아침에 내린 비는 가벼운 먼지를 적시고

承 : 客舍靑靑 柳色新 *客舍; 여관(旅館). 柳; 버들 유.
승　 객사청청 유색신

객사는 푸릇푸릇 버들 색이 새롭구나.

轉 : 勸君更盡 一杯酒 *勸; 권할 권. 更; 다시 갱. 杯; 잔 배.
전　 권군갱진 일배주

그대에게 권하노니 한 잔 술을 다시 더하라

結 : 西出陽關 無故人 *陽; 볕 양. 關; 기관 관, 빗장 관.
결　 서출양관 무고인

서쪽 양관으로 나가면 친구가 없으리니

[註]

대개 絶句(절구)는 후반 二句(이구)에 名句(명구)가 많으며, 起(기)-承(승)-轉(전)-結(결)이 일맥상통하여 예부터 絶句(절구)作法(작법)에 관한 한 위 王(왕) 維(유)의 詩를 例(예)로 많이 들었다.

七言絶句❷

▶德에 順從한 道, 順道를 말미암아 헤아려보는 詩,
덕 순종 도

順德因道 순덕인도

-順 道-

救世爲民 無妄慾 *救; 구제할 구. 妄; 허망할 망.
구 세 위 민 무 망 욕

세상을 구제하려고 백성을 위함에 쓸데없는 욕심 없고

神機妙器 觸无迷 *神機; 神妙한 契機. 无; 없을 무. 迷; 미혹할 미.
신 기 묘 기 촉 무 미

천하는 신기하고 신묘한 것이라서 모르고 손댐이 없도다

除情去欲 得無爲 *除; 덜 제, 나눌 제. 得; 얻을 득. *無爲(無爲自然); 자연 그대로.
제 정 거 욕 득 무 위

정(情)을 除하고 욕(欲)을 去하여 無爲함을 얻었으며

順道從天 足自怡 *從; 좇을 종, 따를 종. 怡; 기쁠 이.
순 도 종 천 족 자 이

順理에 따른 道를 좇아 天性대로 自足함에 기뻐함[怡]이라
이

[註]

*'順道'의 號가 비롯되었음을 漢詩로 編詩作한 것이다.
편 시작

絶對孤獨 절대고독

-順 道(1940~)-

絶對孤獨 是 人生 *是; 옳을 시(~이다).
절 대 고 독 시 인 생

인생은 절대 고독이다

眞正孤獨 尊貴 生 *尊貴 生; 존귀한 삶.
진 정 고 독 존 귀 생

진정한 고독은 존귀한 삶이다

孤獨 孕胎 創造星 *孕; 아이 밸 잉. 胎; 아이 밸 태→孕胎; 아이를 뱀.
고 독 잉 태 창 조 성

고독은 창조별을 잉태한다

孤獨 鬪爭 端自儂 *端; 다만 단(단지). 儂; 나 농(자아, 자기).
고 독 투 쟁 단 자 농

스스로 자아에게 실마리를 준 고독의 창조적 투쟁이다.

[註]

*絶對孤獨(절대 고독)하기 때문에 詩人(시인)은 인생을 解脫(해탈)한다. 즉, 神靈(신령)의 救援(구원)이요, 所願(소원)이요, 蘇生(소생)이요 現實(현실)적 解脫(해탈)이다. 孤獨(고독)의 한가운데서 불현듯 어떤 詩想(시상)이 떠오를 때, 일어나는 때, 일, 사물, 사상 등등을 돌이켜 살펴봐야[觀照(관조)] 할 것이다. 이를 廻光反照(회광반조)라 하여도 무방하다.

▶율무 씨의 馬援과 목화씨의 益漸을 비교하는 七言絶句…
마원 익점 칠언 절구

芣苡와 薏苡 부이와 의이

-順道-

山野路邊 采采芣 *采; 많을 채→采采; 무성하고 많음. 芣; 질경이 부.
산 야 로 변 채 채 부

산과 들 길가마다 질경이[芣] 지천인데

白衣民族 如根性 *根性; 타고난 성질.
백 의 민 족 여 근 성

생명력 강한 점은 白衣民族 닮았구나

山野隰坰* 萋萋薏 *濕; 진펄 습. 坰; 들 경. 萋; 무성할 처→萋萋*; 무성함.
산 야 습 경 처 처 의

산과 들 질펀한 곳엔 율무[薏] 무성하니

薏苡明珠* 比益漸 *薏; 율무 의. 苡; 부이 이→薏苡; 율무. 芣苡; 질경이.
의 이 명 주 비 익 점 의이 부이

마원(馬援)과 익점(益漸)이 비교되는도다

[註]

*隰垌(습경); 지대가 낮고 습기 진 들판.

*萋萋(처처); 숲이 무성하고 번성함.

*薏苡明珠(의이명주)(薏苡之嫌(의이지혐)); 터무니없는 비방과 誣告(무고)를 당함의 비유.

*馬援(마원); 1800여 년 전 後漢(후한)의 馬援(마원)이란 관리가 交趾(교지)(中, 월남 지역)에서 근무를 마치고 귀경할 때, 그곳에서 가져온 율무 씨[薏苡子(의이자)]가 모두 야광주[寶物(보물)]이라 주장을 하는 정적들에게 誹謗(비방)과 誣告(무고)를 당함.

*益漸(익점); 文益漸(문익점)(1329~1398)이 고려 말 文臣(문신)으로 元(원)나라에 갔다가 귀국할 때, 목화씨[木花子(목화자)]를 붓 자루 속에 숨겨 와서 우리나라에 최초로 木花(목화)를 繁殖(번식)시켰으므로 그 功勞(공로)를 크게 認定(인정)받은 점. 따라서, 율무 씨[薏苡子(의이자)]로 정적들에게 誹謗(비방)과 誣告(무고)를 당한 馬援(마원)과 목화씨[木花子(목화자)]로 큰 공을 세운 文益漸(문익점)과의 색다른 비유 詩(시)이다.

▶아름다운 事物(사물)에 관하여…

鱗鱗인린

-順道-

黃鱨魚無 鱗鱗矣 *鱨; 메기 상, 동자개 상. 鱗; 비늘 인(린)→鱗鱗(인린)*
황상어무 인린의

자가사리[黃鱨魚(황상어)]는 아름다운 비늘 무늬가 없는데

又鮎魚无 鱗鰈也 *鮎; 메기 점→鮎魚; 메기. 鱗鰈*; 비늘이 나란히 접해 있는 모양
우점어무 인접야

닮은 메기[鮎魚(점어)] 또한 아름다운 비늘 무늬 없구나.

鮒泳鯉遊 於中水 *鮒; 붕어 부. 鯉; 잉어 리(이). 遊; 놀 유.
부영리유 어중수

아름다운 무늬 지닌 붕어[鮒(부)] 잉어[鯉(리)]는 물 속에서 노니는데

魟魚踊水 網魚秀 *魟; 가물치 정. 踊; 뛸 용. 網; 망둥이 망. 秀; 뛰어오를 수.
정어용수 망어수

가물치[魟(정)] 물 위로 뛰니 망둥이[網(망)]도 따라 뛰어오르네[秀(수)].

[註]

*鱗鱗; 사물의 이모저모 아름다운 貌樣.

다음은 그 例,

*붕어[鮒]와 잉어[鯉] 같은 물고기의 아름다운 비늘 무늬-하늘에 뜬 비늘구름[卷積雲]-조개구름-비탈진 논[畓]과 밭[田]의 굽이진 이랑-차(茶)밭의 굽이진 이랑 모양-사막[砂漠]의 모래언덕 모양-기와[瓦]지붕의 가지런한 모양-소나무[松] 같은 나무들의 調和로운 껍데기 모양-하늘을 나는 기러기 떼[雁陣] 모양-군대 行進이나 査閱臺 모양-律動美를 자랑하는 메스 게임[Mass Game] 형태 등…

七言絶句❻

▶詩를 더 吟詠(음영)해 보자.

하나의 촛불 심지[炷(주)]가 창[窓(창)]을 밝히도다.

一炷明窓 일주명창

-順 道-

一炷明窓 起革節 *炷; 심지 주→一炷明窓. 革節; 촛불革命 時節.
일 주 명 창 기 혁 절

하나의 심지가 창을 밝히듯 촛불혁명이 시절을 밝게 일구었는데

漸漸變質 暗雲濃 *漸; 점점 점. 濃; 짙을 농.
점 점 변 질 암 운 농

점점 변질되어 어두운 구름으로 짙어만 가는구나

諸正義 赧然消去 *赧; 얼굴 붉힐 난→赧然; 부끄러워 얼굴을 붉힘.
제 정 의 난 연 소 거

모든 정의가 부끄러운 듯 얼굴 붉히고 사라져 가나니

民主民生 更哀傷 *更; 다시 갱, 고칠 경. 哀傷; 슬퍼 가슴 아파함.
민 주 민 생 경 애 상

민생들의 민주 삶이 전보다 다시 더 슬퍼져 가슴이 아파지는구나

綠水靑山 녹수청산

-順 道-

均根相生 助福祉 *均根相生; 뿌리끼리 서로 얽혀 상생함.
균 근 상 생 조 복 지

나무뿌리들도 서로 얽혀 복지 상생한다는데

相生福祉 未實踐 *上生→五行說*에서 상호 보호 작용함.
상 생 복 지 미 실 천

상생 복지 실천 못 하고 있는 건 우리 인간들일세

綠風六月 將日就 *將日就; 나날이 더 나아감, 나날이 진전함.
록 풍 육 월 장 일 취

질푸른 바람결에 유월은 나날이 짙어만 가고

熱血過耳 禱感天 *熱血; 끓는 피. 過耳; 귓전을 스치다, 귓전에 감돌다.
열 혈 과 이 도 감 천

뜨거웠던 젊은 피 귓전에 감도니 하늘에 感泣(감읍) 祈禱(기도) 드린다네.

[註]

*感泣(感涕)(감읍 감체); 感激(감격)하여 눈물을 흘리며 흐느낌.

*五行說; 陰陽五行說(음양 오행설); (哲)우주나 인간사회의 모든 현상을 陰(음)(-)과 陽(양)(+)의 두 원리[二元](이원)의 消長(盛衰)(소장 성쇠)으로부터 비롯되는 陰·陽설과, 이 영향을 받아 만물의 生成(생성) 消滅(소멸)을 木·火·土·金·水의 變轉(변전)으로 설명하는 五行說(오행설).

七言絶句❽

▶滿絳佳節에 우리는 歷史적 敎訓을 어떻게 얻을 것인가?
만강가절 역사 교훈

滿絳佳節만강가절

-順 道-

秋霜落葉 將日老 *將; 장차 장→將日老; 나날이 늙어 감, 세월의 흐름.
추상낙엽 장일노

가을 찬 서리에 낙엽 지니 세월은 흘러 점점 추워져 가고

寒風過耳 曲晩秋 *過; 지날 과→過耳; 귀를 스치다.
한풍과이 곡만추

찬바람 귀를 스치니 늦가을이 환상곡처럼 되어가는구나

歷史敎訓 未實踐 *歷史敎訓; 역사에서 교훈을 얻으려는 실용적 역사관.
역사교훈 미실천

본받아야 할 역사적 교훈을 아직 실천도 못 하고 있는데

滿絳佳節 何伸志 *絳; 진홍 강. 何; 어찌~하랴(의문사). 伸; 펼 신.
만강가절 하신지

온 천지가 붉게 물들어가는 좋은 계절 뜻은 어이 펼거나?

七言絶句❾

▶大學路의 그 찻집-「學林」
대학로

群 鵲군 작

-順道

是, 動天德者 探眞理 *是; 옳을 시(發語詞; 무릇, 대저)→*无=夫=是.
시 동천덕자 탐진리 발어사 무부시

무릇, 하늘이 감동할 덕 있는 자들이 진리 탐구하는 곳

學林路變 繁華街 *學林路; 大學路. 變; 時時刻刻 變化.
학림로변 번화가 대학로 시시각각 변화

학림 거리가 시시각각 번화가로 변해가고 있는데

不克襄事 始春鬪 *襄; 도울 양, 오를 양→襄事; 어떤 일을 이룸
불극양사 시춘투

봄부터 시작한 노동 투쟁은 아직도 극복되지 않았구나.

日暮群鵲 羸木棲 *暮; 저물 모. 棲; 깃들 서. 羸; 여윌 리, 앙상할 리.
일모군작 리목서

해 기우니 앙상한 나뭇가지마다 까치 무리만 보금자리 드네.

[註]

*春闘(춘투); 봄철부터 행하는 노동쟁의.

*羸木(리목)(裸木(나목)); 앙상한 가지→羸; 여윌 리(이), 앙상할 리(이). 裸(나); 벌거숭이 나.

*학림(學林); 學者(학자)들이 모이는 곳.

*학림(鶴林); 釋迦(석가)가 入寂(입적)한 沙羅雙樹林(사라쌍수림)의 딴 이름을 '鶴林(학림)'이라 한다.

*釋迦(석가)의 死(사)(鶴林涅槃(학림열반)); 釋迦(석가)의 入滅(입멸)을 슬퍼하여 紗羅雙樹林(사라쌍수림)의 잎이 白鶴(백학)의 깃털처럼 하얗게 변하여 죽었다[鶴林(학림)]는 傳說(전설)에서 비롯된 말.

*2013년도「서울 未來遺産(미래유산)Seoul Future Heritage」으로 선정된 大學路(대학로)의 찻집 -「學林」, 그 바로 앞 찻길에선 봄부터 勞動爭議(노동쟁의) 집회가 쉼 없이 연이어 열려 極(극)에 달한다. 가을이 되어도 그들의 爭議(쟁의)가 극복될 기미는 보이질 않는데, 무성했던 길 옆 Platanus 가로수는 羸木(리목)[裸木(나목)]이 되어간다. 찬 서리 내리는 늦가을부터 이듬해 봄 새싹이 돋을 때까지 석양[日暮(일모)] 무렵이 되면 어김없이 까치무리[群鵲(군작)]가 앙상한 Platanus 가지 위에 깃들면서 밤을 지새운다. 주위에는 같은 종류의 街路樹(가로수)가 줄지어 있어도 유독「學林」찻집 앞의 몇몇 Platanus 나무 위에서만 死活(사활)을 걸고 자리다툼을 하면서 한겨울을 난다. 지금 대학로의 世俗(세속) 風景(풍경)이다.

제7부

鼯鼠五能에 관한 詩부터
오서 오능
猛苦寒雪 詩까지
맹고한설

鼯鼠 才 오서 재

-順 道-

五粒松 采采 幽谷哉 *粒; 알 입(립). 采采; 나무나 숲이 무성함. 幽; 그윽할 유.
오 립 송 채 채 유 곡 재

오립송[잣나무] 무성하여 그윽한 깊은 산속

青鼠毛 紛奔飛 粒松 *鼠; 쥐 서→青鼠毛; 청설모, 다람쥐. 紛; 어지러울 분.
청 서 모 분 분 비 립 송

청설모는 잣나무 사이를 이리저리 분주히 잘도 나는구나

鼯鼠樣 如貌 青鼠容 *鼯; 날다람쥐 오→鼯鼠; 다람쥐. 貌; 모양 모. 樣; 모양 양.
오 서 양 여 모 청 서 용

오서란 다름 아닌 곧 청설모란 뜻인 것을

鼯鼠之窮 飛翔 技能 *窮; 궁할 궁. 技能(기능); 기술상 재주와 능력.
오 서 지 궁 비 상 기 능

오서[다람쥐]가 날아다니는 재주란 딴엔 별거 아니라네.

[註]

*韓漢詩(한 한시)작을 위한 漢字(한자) 수에 拘碍(구애)됨이 없다. 詩想(시상)의 자유로운 表現(표현)을 위함이다. 二句, 四句 末에 굳이 押韻(압운)할 필요도 없다. 律呂(율려)가 성립되지 않는다.

*鼯鼠才(오서 재)란 鼯鼠技能(오서 기능) 즉, 鼯鼠五能(오서 오능)을 意味(의미)한다. 다람쥐가 할 수 있는 다섯 가지 技能(기능)을 말한다. 그것은 '①날고, ②달리고, ③헤어치고, ④나무를 타고, ⑤흙을 판다'는 의미다. 그러나 어느 것 하나 제대로 能熟(능숙)하게 하는 것이 없어서 未熟(미숙)하기만 하니 이를 '鼯鼠之窮(오서 지 궁)'이라고 한다.

*원래 '鼯鼠之窮(오서 지 궁)'이란, 『荀子(순자)』의 「勸學篇(권학 편)」에 나오는 말로, "騰蛇無足(등 사 무 족) 而飛(이 비), 鼯鼠五技(오서 오 기) 而窮(이 궁)이라 - 발[足(족)] 없는 뱀[蛇(사)]은 하늘을 날지만, 다섯 재능을 가진 다람쥐[鼯鼠(오서)]는 옹색하기만 하구나"라는 말에서 비롯된 '鼯鼠之窮(오서 지 궁)'이란 고사성어가 유래되었다.

▶제자리로 돌아옴[還元] 본디로 돌아감[死]…
환원 사

韓漢詩(3)
한 한시

秋 色 추 색

-順 道-

吟詠 披詩集 幽秋色 *吟詠; 詩歌를 읊다. 披; 펼 피. 秋色; 가을 향기.
음 영 피 시 집 유 추 색

詩集 펼쳐놓고 詩歌를 읊으려 드니 가을 향기 하도 그윽해

獨酌 看紅葉 無餘事 *看; 볼 간. 餘事; 남은 일(여분)→無餘事; 중요치 않은 일.
독 작 간 홍 엽 무 여 사

홀로 술잔 들고 붉은 낙엽 바라보니 세상사 그다지 중요치 않구나

秋候鳥 格格 如呼我 *候鳥; 철새. 格; 소리 격→格格; 지저귀는 소리(의성어).
추 후 조 격 격 여 호 아

가을 철새들은 날 오라 부르는 듯 여기저기서 지저귀는데

胡 不歸來 頭滿雪兮 *胡; 어찌 ~하랴. 頭滿雪; 흰 머리 가득함. 兮; 어조사 혜.
호 불 귀 래 두 만 설 혜

흰 머리 가득하니 내 어찌 본디[歸眞*]로 돌아가지 않을손가?
귀 진

[註]

*歸眞(귀진); 佛, 본디로 돌아감[死(사)], 제자리로 돌아옴[還元(환원)].

*본 詩集에서 추구하고자 한 韓漢詩(한한시)는 字句(자구) 數(수)에 얽매이지 않으니, 詩作(시작)이 容易(용이)하고 理解(이해)가 쉽다는 점이다.

위 例示(예시)에서 보자면-

① 一句(일구)에서, '詩集(시집)' 대신에 '詩(시)' 한자만 쓰면 七言絶句(칠언절구) 형식이 되지만, 韓漢詩(한한시)로 묶으니 詩作(시작)에도 편리하고 理解(이해)하기에도 쉽다고 생각된다. 이처럼

② 二句(이구)에서, '紅(홍)' 자를 빼면 '獨酌(독작) 看葉(간엽)'으로 七言絶句(칠언절구)가 되어 버린다.

③ 마찬가지로 三句(삼구)에서도 '候鳥(후조)' 대신 '禽(금)' 자 한자만 쓰면 七言絶句(칠언절구)가 되지만, 意圖(의도)했던 바를 벗어나게 된다.

④ 끝 句(구)에서 맨 끝에 助詞(조사)인 '兮(혜)' 자를 덧붙임으로 해서 文章(문장)의 뜻이 살아나고 確實(확실)히 쉬워진다.

⑤ 따라서 押韻(압운) 등등을 따지기엔 거추장스럽다고나 할까부다.

▶韓漢詩에 英語를 덧붙인 韓漢英詩 두 편을 살펴보자-
한 한시 영어 한 한 영시

韓漢詩(4).
한 한시

雷 轟 천둥 소리, 뢰 굉

編作, -順 道-
편 작

種瓜得瓜 種豆得豆 *種; 심을 종. 瓜; 오이 과. 豆; 콩 두.
종 과 득 과 종 두 득 두

오이씨를 심으면 오이를 얻고 콩을 심으면 콩을 얻나니

If you sow the seeds of cucumber, you will harvest cucumber.
If you sow the seeds of beans, you will get beans.

時來風送 騰王閣兮 *騰王閣; 唐 고조의 아들 騰王 李元嬰이 세운 樓閣.
시 래 풍 송 등 왕 각 혜 당 등 왕 이 원 영 누 각

사람이 때를 만나면 순풍이 등왕각으로 보내고

If a person rides on a placid wind helps him to the Dung-Wang-Kag.

運退雷轟 薦福碑哉 *雷; 우뢰 뢰. 轟; 울릴 굉. 薦; 천거할 천
운 퇴 뢰 굉 천 복 비 재

운이 물러가면 천복비가 천둥 소리 속에 벼락을 맞느니라.

If a good fortune draws back, the stone monument
of the Cheon-Bok-Bi will be struck by lightning.

得惡於天 無所禱也 *惡; 그르칠 오악 악. 於; ~에(~대하여). 禱; 빌 도.
득 오 어 천 무 소 도 야

하여, 하늘에 잘못을 저지르면 빌 곳이 없느니라.

If you commit a crime against Heaven,
there is no place to pray forgiveness.

[註]

*騰王閣(등왕각); 唐(당) 高祖(고조)의 아들 騰王(등왕)(李元嬰(이원영))이 세운 樓閣(누각), 江西省(강서성) 南昌府(남창부)에 있다.

*雷(뢰) 轟(굉); 천둥 소리가 나고 벼락이 침.

*薦福碑(천복비); 薦福寺碑(천복사비).

*雷(뢰) 轟(굉) 薦福碑(천복비); 운명이 기구하여 하는 일마다 잘못됨의 비유.

-「중국 北宋(북송) 때의 개혁파 名臣(명신)인 范仲淹(범중엄)(990~1033)이 그의 문객 중에 詩 잘 짓는 선비를 위해 薦福寺碑(천복사비)의 拓本(탁본)을 만들어 팔도록 종이[紙(지)]와 먹[墨(묵)]을 마련해서 준비해 주었는데-, 그날 밤 雷(뢰) 轟(굉)[천둥과 번개]이 쳐서 碑石(비석)이 무너지는 바람에 모두가 虛事(허사)가 되었다」는 故事(고사)에서 유래된 말이다.

▶英語를 첨부한 韓漢英詩(한한영시)인 五言律詩를 살펴보자.

모든 일은 사람들 맘속에 다 있도다.

韓漢詩(한한시)(5)

都在人心 도재인심

編作(편작), -順 道-

天聽 寂無聲(천청 적무성) *聽; 들을 청. 寂; 고요할 적.

하늘의 들으심이 고요하여 소리가 없으니

Without a sound, Heaven listen in silence.

蒼蒼 何處尋(창창 하처심) *蒼(창); 푸를 창. 尋(심); 찾을 심.

푸르고 푸른 하늘 어느 곳에서 찾을까

How can we find the sound in the blue far away?

非高 亦非遠(비고 역비원) *非~亦非~ …도 아니고, …도 아니다.

높지도 않고 그렇다고 멀지도 않은데

Neither high nor far away.

都只 在人心(도지 재인심) *都; 모두 도, 도읍 도. 只; 다만 지.

다만 모두가 다 사람들 마음속에 있느니라.

It just exist in the human mind.

若人 作不善 *若; 만약 ~라면(if~).
약 인 작 불 선

만약 어떤 사람이 선행을 아니하고도

If one person does not good conduct.

得顯 而名者 *顯; 나타날 현, 드러날 현.
득 현 이 명 자

그로 인하여 유명해진다면

And gains high repute.

雖衆 不害之 *雖; 비록 수(비록 ~할지라도).
수 중 불 해 지

비록 사람들이 그를 해치지 않더라도

Another can not harm him.

天必 戮之兮 *戮; 죽일 육. 兮; 어조사 혜(~이다).
천 필 육 지 혜

하늘이 그를 반드시 벌할지니라

Yet, Heaven will kill him without fail.

[註]

*尹奉吉(윤봉길) 義士의 기념관에서 행사를 감행한

한 정치 신인의 大選(대선) 出馬(출마)의 변을 시청하면서

착잡한 마음으로 조율한 韓漢英詩(한한영시).

2021. 6. 29. 화. 흐린 날씨에…

▶韓漢詩로 가을 국화[秋菊]를 읊으며[吟詠]…

韓漢詩(6)
한 한시

詠 秋菊 영 추국

-順 道-

秋菊 結露寒兮 *秋菊; 가을 국화. 結露; 이슬 맺힘. 兮; 어조사 혜.
추 국 결 로 한 혜

가을 국화에 찬 이슬 맺히고

已秋風 僵 葭葦也 *僵; 쓰러질 강. 葭; 갈대 가. 葦; 갈대 위.
이 추 풍 강 가 위 야

이미 가을바람에 갈대는 쓰러져 있구나

年加秊 猶 幼心兮 *年=秊; 해 년. 猶; 오히려 유.
년 가 년 유 유 심 혜

나이 더할수록 마음은 오히려 애[幼心]가 되어가니
유 심

年秊 迎秋日 傷心也 *年=秊; 해 년. 迎; 맞을 영. 傷; 상처 상.
년 년 영 추 일 상 심 야

해마다 맞는 가을이 마음을 상하게 하는구나

[註]

五言絶句도, 七言絶句도 아니고, 각 句末(구말)에 助辭(조사)를 달아 의미를 강조해서 자유롭게 표현한 韓漢詩(한 한시)의 形態(형태)적 詩(시)다. 그리했어도, 文法(문법)은 固守(고수)했고 詩의 뜻과 흐름은 자연스럽게 詩作(시작)을 했다고 생각된다.

[解] _ 읽는이들 스스로 감상을 적어 보세요.

▶아름다운 누이처럼 孤高하기만 한 芭蕉-

八言 五句로 된 詩-韓漢詩(7)
한 한시

庭園芭蕉 정원파초

-順 道-

暮秋細雨 促雪嚴冬 *暮; 저물 모→暮秋(모추); 늦가을. 促; 재촉할 촉. 嚴冬; 한겨울.
모추세우 촉설엄동

늦가을에 내리는 가랑비 눈 내린 엄동설한을 재촉하는 듯

落淚寒容 庭園芭蕉 *芭; 파초 파. 蕉; 파초 초. 落淚容; 얼굴에 흐르는 눈물.
락루한용 정원파초

볼 타고 내리는 시린 눈물처럼 파초 위에 찬비 내리네

遠南溫情 孤苦邊夢 *孤邊夢; 어른거리는 꿈속의 외로움.
원남온정 고고변몽

머~언 남쪽의 따스했던 정감이 꿈결에도 외로울 텐데

垂裳列幅 甚霜雰風 *垂; 드리울 수. 裳; 치마 상. 甚; 심할 심. 雰; 안개 분.
수상열폭 심상분풍

치마폭처럼 드리운 잎줄기에 세차게 부는 무서리 바람에도

雖 失婚期 如妹孤高 *雖; 비록 수. 高; 높을 고→孤高(고고); 속세를 벗은 고상함.
수 실혼기 여매고고

비록 혼기는 놓쳤지만 아름다웠던 누이처럼 고고하기만 하구나

▶六言 六句로 된 詩-韓漢詩(8)
한 한시

快癒 祈願 쾌유 기원

-順 道-

暴風前夜 寂寞兮 *兮; 어조사 혜(句末에 놓아 語勢를 强調함).
폭 풍 전 야 적 막 혜 구 말 어세 강조

마치 폭풍 전야 같은 적막감에

苦孤獨心 存幽谷 *孤獨; 孑孑單身(單獨一身). 幽; 그윽할 유.
고 고 독 심 존 유 곡 혈 혈 단신 단독 일신

괴로운 고독이라는 심령 유곡 속에 웅크리고 있음이라

病床 憂患 心白恒 *憂患; 憂患疾苦. 恒; 항상 항. 心白; 白頭白雪.
병 상 우 환 심 백 항 우환 질고 심 백 백 두 백 설

병상의 환자들 근심은 백두(白頭)처럼 항상 높기만 하구나

唯一所望 完快癒 *唯; 오직 유. 快; 완쾌될 쾌. 癒; 병 나을 유.
유 일 소 망 완 쾌 유

유일한 소망은 완쾌되고 싶음일 것이요

何歲月 還 正常治 *何; 어찌 하(의문사). 還; 돌아올 환.
하 세 월 환 정 상 치

어느 세월에 완치되어 정상으로 돌아올 거나

祈願 期待 神通醫 *祈; 빌 기→祈禱, 祈願. 醫; 醫院 의.
기 원 기 대 신 통 의 기도 기원 의원

신통한 의사를 믿고 기다리며 기원할 수밖에

▶昌陵川邊을 산책하면서-㉮㉯㉰
창 능 천 변

韓漢詩(9)
한 한시

秋日散策 추일산책㉮

-順 道-

五陵川邊 蘆荻花 滿發 *蘆; 갈대 로. 荻; 물억새 적.
오 능 천 변 로 적 화 만 발

서오릉 천변엔 갈대꽃과 물 억새꽃이 흐드러지게 피어 있는데

秋風僵葦 秋菊 結露寒 *僵; 스러질 강. 葭; 갈대 가. 葦; 갈대 위.
추 풍 강 위 추 국 결 로 한

가을바람에 갈대는 쓰러지고 국화엔 찬 이슬만 맺혀 있네

年加歲 老幼 遇秋傷心 *年=秊(년); 해 년. 遇; 만날 우.
년 가 세 노 유 우 추 상 심

나이 더할수록 늙은 애가 되어가니 해마다 맞은 가을 상심뿐일세

相爭 爲名利 調和悠長 *悠長; 길고 오램.
상 쟁 위 명 리 조 화 유 장

명리를 위해 다투지만 세월은 긴 흐름으로 조화를 이루나니

唯 自然齋一性 生是羞 *唯; 오직 유. 羞; 부끄러울 수. 愧; 부끄러울 괴.
유 자 연 재 일 성 생 시 수

오직 自然齋一性*을 바랄 뿐, 한편으론 삶이 부끄럽고 창피하다네.

[註]

*自然(자연) 齋一性(재일성)(uniformity of nature); 動植物(동식물)의 種(종)이나 類(유)에서 볼 수 있는 바와 같이 어떤 범위의 것이 특색을 갖는 일. 共存(공존) 齋一性(재일성)이라고도 하며, 동일한 原因(원인)이 동일한 結果(결과)를 낳는 일. 즉, 繼起(계기) 齋一性(재일성)에 관하여 이르는 말이다. 특수한 것으로부터 일반적인 것을 이끌어내는 歸納(귀납)적 推理(추리)를 가능케 하는 조건으로서 假定(가정)됨을 이른다.

[解] _ 읽는이들 스스로 감상을 적어 보세요.

▶落葉聲(낙엽성)!~, 들리나요? 가을이 오는 소리-, 아~! 가을 온통 붉은 낙엽으로 물들어가는데, 千里馬를 탄 紅衣將軍(홍의장군)은 언제쯤 세상에 오려나?

韓漢詩(한 한시)(10)

秋日散策 추일산책㉯

-順道-

青山 隔世 欲登不能 赴任處 *隔; 사이 뜰 격. 欲; 하고자 할 욕. 赴; 알릴 부.
청산 격세 욕등불능 부임처

청산은 세상 먼 곳에 있어서 오르고 싶어도 이르기 어렵다 하여

陵鶯鳳 自逍登 哀孱 落葉聲 *逍; 거닐 소. 孱; 잔약할 잔→哀孱.
능앵봉 자소등 애잔 낙엽성

봉산을 올라보니 지는 낙엽 소리 애잔해지는데

伏節 隆盛面 今秋 疲勞零落 *隆; 隆盛(융성)할 융. 零; 시들 영(零落(영락)).
복절 융성면 금추 피로영락

더위에도 융성했던 사물들 가을 드니 피로로 영락해 보이는구나

諸生也有涯* 而日月 也無涯* *諸; 모두 제. *也有涯(야유애) ~也無涯(야무애)*;
제생야유애 이일월 야무애

모든 생명은 반드시 끝이 있지만 흐르는 세월은 그 끝이 없나니

暫留 光陰片鱗 且作詩季變 *暫; 잠깐 잠. 留; 머무를 유. 鱗; 비늘 린. 且(차); 또 차.
잠유 광음편린 차작시계변

잠깐 동안의 짧은 삶 머물며 또 계절의 변화를 詩로 엮어 본다네

[註]

*也有涯~也無涯; ~은 있으나 ~은 없다.

莊子(장자)가 말하길, "吾生(오생) 也有涯(야유애) 而知(이지) 也無涯(야무애)-삶은 끝이 있으나 앎은 끝이 없도다."라고 했다고 한다.

*光陰(광음); 歲月(세월), 時間(시간).

→光陰如流(광음여류); 歲月은 흐르는 물 같음[如流(여류)].

→光陰如箭(광음여전); 時間은 쏜 화살 같음[如箭(여전)]

[解] _ 읽는이들 스스로 감상을 적어 보세요.

▶淙然散策이라-흐르는 물소리 따라 거닐면서…
종연산책

韓漢詩(11)
한 한시

秋日散策 추일산책㉰

-順 道-

昌陵川淙然 閑坐涯 觀鰷 *淙; 물소리 종. 鰷; 피라미 조.
창능천종연 한좌애 관조 종 조

창능천 물소리 따라 거닐다 물가에 앉아 피라미들을 들여다보니

荻花紛紛 花水面 鰷驚散 *荻; 물억새 적→荻花; 억새꽃. 鰷; 피라미 조.
적화분분 화수면 조경산 적 적화

바람결에 억새꽃 물 위에 떨어지자 피라미들 놀라 사방에 흩어지는데

浮雲 促菊月 落照奔倒景 *浮雲; 뜬구름. 菊月; 九月. 倒景; 비스듬한 상.
부운 촉국월 낙조분도경

뜬구름은 구월을 재촉하고 석양은 분주히 그림자 드리우네

秋寒水畔 夕霞 孤影鮮妙 *畔; 물가 반. 霞; 놀 하. 鮮妙; 아름다움.
추한수반 석하 고영선묘

가을 찬 물가에 드리운 그림자 저녁놀 빛에 외롭게 선명해

光陰箭 刻削 衆謂今日仙 *箭; 화살 전. 刻; 새길 각. 削; 깎을 삭. 謂; 이를 위.
광음전 각삭

빠른 세월 뼈를 깎듯 느끼는데 오늘은 신선이 되었다고 말들 하겠지

[註]

*秋夕名節(추석 명절)을 전후로 한 연이은 휴일-
삶의 터전인 西五陵(서오능) 근처를 자유롭게 彷徨(방황)하면서
나름 느낀 것들을 韓漢詩(한 한시) 「休日散策(휴일 산책)㉮,㉯,㉰」로 엮어 보았다.

* '詩는 한 사람이 살아가는 삶[生(생)]이고
그것을 불들어온 追憶(추억)에 대한 記憶(기억)이고
그 결과를 세상에 내놓은 勇氣(용기)있는 行動(행동)이다'
라는 名句(명구)가 있다. 하오니,
우리는 항상 易地思之(역지사지)로 생각을 해보자.

*"명상[冥想(명상)]과 물[水(수)]은 서로 永遠(영원)히 結付(결부)된 존재"라고 봐야 한다.
이는, 「모비 딕」 저자인 허먼 멜빌(1891. 9. 28. 死亡)의 基調思想(기조 사상)이다.

*"다른 사람들은 그대가 옳다는 것을 證明(증명)하도록 努力(노력)하라고" 말할 것이다. 나는 "그대가 틀리다는 것을 證明(증명)할 수 있도록 努力(노력)하라고" 말하리라-파스퇴르(佛(불)), 狂犬病(광견병) 백신 제조, 低溫殺菌(저온 살균)법을 고안한 學者(학자).

▶大寒節氣를 앞둔 지금 敬畏心으로 다음의 詩를 吟詠해 보자면~
대한 절기 경외 심 음영

韓漢詩(12)
한 한시

猛苦 寒雪 맹고 한설

-順 道-

極月晦日 大寒節氣 *極月(臘月); 섣달. 晦; 그믐 회→晦日; 그믐 날.
극 월 회 일 대 한 절 기 납 월

한 추위 섣달 그믐날 앞둔 대한 절기에

極樂鳥 拍拍飛翔兮 *拍; 칠 박→拍 拍; 날개 치는 소리→*格 格; 지저귀는 소리.
극 락 조 박 박 비 상 혜

극락조가 날개 치며 비상할 때 내는 은밀한 소리처럼

雪紛紛 交錯散漫也 *紛; 어지러울 분→紛紛; 휘날림. 錯; 섞일 착.
설 분 분 교 착 산 만 야

어지럽게 흩날리며 내리는 함박눈 발소리 같구나

悅物者 氷雲雪也哉 *悅物者; 기쁘게 하는 것. *氷雲雪; 구름이 눈이 됨.
열 물 자 빙 운 설 야 재

세상을 기쁘게 하는 것 비구름이 얼어 눈이 되었다는 것이겠지만

猛苦寒雪 臨界溫度 *猛; 사나울 맹. *臨界溫度; 임계점의 온도.
맹고한설 임계온도

눈 내리는 맹추위 온도가 임계점에 이르렀도다.

凝示玄天 吝嗇自儂 *吝; 아낄 인(린). 嗇; 아낄 색→吝嗇; 인색함. 儂; 나 농(나).
응시현천 인색자농

검은 하늘은 응시하면서도 자신을 돌아보는 데는 인색하구나.

若, 觀照內面 解脫生 *觀; 볼 관→觀照; 지혜로 사물을 봄.
약 관조내면 해탈생 관조

만약, 자신의 내면을 관조할 수 있다면 해탈할 수도 있을 텐데-

只, 有敬畏心 無難事 *畏; 두려워할 외→畏心; 敬畏心.
지 유경외심 무난사 외심 경외심

오직, 경외심을 가진 자만이 세상사 어려움이 없을지니라

[註]

*解脫; 굴레로부터 벗어남. 煩惱의 束縛을 벗어나 자유로운 境界에 이르는 것. 즉, 涅槃을 이름.
해탈 번뇌 속박 경계 열반

*涅槃; 滅-寂滅의 뜻. 모든 煩惱를 解脫하여 不生不滅의 법을 體得한 境地.
열반 멸 적멸 번뇌 해탈 불생 불멸 체득 경지

제8부

風流(풍류)詩

시대는 좀 다르지만 詩 한 首로 목숨을 건진 風流詩人(풍류 시인) 白湖(백호) 林悌(임제), 당시의 四色黨爭(사색 당쟁)을 벗어나 삼천리 坊坊曲曲(방방곡곡)을 유랑하면서 風餐露宿(풍찬노숙) 중에 지은 詩, 나이 28세 춘삼월에 漢陽(한양)에서 술에 취해 그렁저렁 水原(수원)에 있는 한 酒幕(주막)에 당도했다. 어느새 酒母(주모)와 서로 눈 맞아 하룻밤을 同寢(동침)했는데, 그녀 남편에게 발각되었다. 남편이 칼을 들고 죽이려 덤벼드니, 白湖(백호) 曰(왈), "나는 詩客(시객)인데, 이왕 죽을 바에야 詩나 한 首 짓고 죽겠다"라고 懇請(간청)하자, 怪異(괴이)하게 여긴 그녀 남편이 겨우 허락하자 즉석에서 지은 詩.

無 題

-林 悌-

昨夜長安 醉酒來 *長安(漢陽); 서울. 醉; 취할 취.
작 야 장 안 취 주 래

어젯밤 장안[長安]에서 술 취해 여기[水原] 와 보니

桃花一枝 爛漫開 *桃; 복숭아나무 도. 爛; 난만할 난. 漫; 흩어질 만.
도 화 일 지 난 만 개

복숭아꽃 한 가지가 흐드러지게 피었더이다.

君 何種樹 繁華地 *樹種; 나무를 심다. 繁華; 번성하고 화려함.
군 하 종 수 번 화 지

그대 어찌 번화한 이곳에 심었나? (이 아름다운 나무를-)

種者非也 折者非 *種者; 심은 자. 折者; 꺾은 자.
종 자 비 야 절 자 비

심은 사람이 그른가 꺾은 사람이 그른가?

[註]

七言絶句이지만 白湖(백호) 林(임) 悌(제)를 닮은 自律詩(자율시)이다.

*白湖(백호) 林(임) 悌(제)는 조선조 明宗(명종)4(1549)년에서 宣祖(선조)20(1587)년까지 39세를 살다간 천재 시인이다. 당대는 士大夫(사대부) 사회의 문화 全盛期(전성기)였다. 士林(사림)의 득세로 性理學(성리학)의 體系(체계)가 이루어진 시기이기도 하다. 반면 당쟁의 심화로 封建社會(봉건사회)의 規範(규범)이 지배하여 農民生活(농민생활)이 疲弊(피폐)해지고 민생이 어지러워져 외세의 침입이 잦았던 바로 壬辰倭亂(임진왜란)(1592)이 발발하기 직전이었다.

『中庸(중용)』에 「道 不遠人 人遠道, 山 非離俗 俗離山(도 불원인 인원도, 산 비리속 속리산) - 道(도)는 사람을 멀리하지 않는데 사람이 道(도)를 멀리하고, 山(산)은 俗人(속인)을 떠나지 않는데 俗人(속인)이 山(산)을 떠난다」라고 말하는 속리산에서 수학을 했던 白湖(백호) 林(임) 悌(제)다. 그의 나이 35세 때, 평안도사[從(종) 6品(품)]로 부임하던 중 지금의 開城(개성)[松都(송도)]에 묻혀 있는 黃眞伊(황진이) 墓(묘)에 들러 官服(관복)을 입은 채 술잔을 올리며 읊은 詩-,

「清楚(청초) 우거진 골에 자는다 누었는다
紅顔(홍안)은 어디 두고 白骨(백골)만 묻혔나니
盞(잔) 잡아 勸(권)할 이 없으니 그를 슬허하노라」

*위 유명한 詩 한 首가 원인이 되어 朝廷(조정)으로부터 罷職(파직)을 당한다.
이런 行蹟(행적)으로 보아 그는 당대의 新進(신진) Romantist였다고 생각된다.

▶黃眞伊는 무덤 속에서 다음과 같이 和答했을 것이다.(?)
황진이 화답

相思相見 只憑夢 *憑; 기댈 빙.
상 사 상 견 지 빙 몽

서로 그리워도 만날 길은 꿈길밖에 없는데

我訪歡時 歡訪儂 *儂; 나 농(나, 본인).
아 방 환 시 환 방 농

내가 임 찾아 떠날 때 임은 날 찾아왔네

願使遙遙 他夜夢 *遙; 멀 요, 아득할 요.
원 사 요 요 타 야 몽

바라거니 언제일까 다음 밤 꿈에는

一時同作 路中逢 *逢; 만날 봉.
일 시 동 작 로 중 봉

동시에 떠나 오가는 길에서 만나기를…

또, 나이 어린 妓女(기녀)에게 부채[扇(선)]를 선물하며 써준 다음과 같은 白湖(백호)의 詩-

莫怪隆冬 贈扇杖 *莫; 막 막(~마라). 隆; 성할 융. 扇; 부채 선.
막 괴 융 동 증 선 장

한겨울에 부채 선물을 괴상히 여기지 마라

爾今年少 豈能知 *爾; 너 이. 豈; 어찌 기.
이 금 년 소 기 능 지

네 나이 어려 아직 모르리라마는

相思半夜 胸生火 *半夜; 한밤중. 胸; 가슴 흉, 가슴 속.
상 사 반 야 흉 생 화

한밤중 그리움으로 가슴 속에 불이 붙으면

獨勝炎烝 六月時 *獨; 오히려 독(오히려~와 같다. 烝=蒸; 찔 증.
독 승 염 증 육 월 시

오히려 유월 무더위에 비할 바가 아니니라.

妓女(기녀) 和答(화답) 曰(왈),

한겨울에 부채[扇(선)] 보낸 뜻을 잠시 생각하니

가슴에 타는 불[胸生化(흉 생화)]을 끄라고 보냈었나?

눈물로도 끄지 못한 불[炎蒸(염증)]을 부채[扇(선)]인들 어이하리.

그 風流(풍류) 넘치는 시인에, 才致(재치) 넘치는 기녀라-

[註]

白湖(백호) 林 悌(임 제)는, "四海諸國(사해 제국)이 다 '皇帝(황제)'라 일컫는데, 우리만 그렇지 못하고 '王'이라 하는구나. 이런 微賤(미천)한 나라에 태어났는데, 내 어찌 죽음을 哀惜(애석)해 하겠느냐?"라고 痛嘆(통탄)하며, "내가 죽거든 哭(곡)을 하지 말라"라는 말을 남기고 39세에 요절한 天才詩人(천재 시인)이요, 風流詩人(풍류 시인)이었다.

제9부

七言八句(칠언팔구) 近體詩(근체시)

詩想(시상)시상①에서부터 昨夜降雪(작야강설)작야강설㉑까지는 七言八句(칠언팔구)로 된 近體詩(근체시)(近詩=定型詩)다.

詩格(시격)을 考慮(고려)해서 나름 押韻(압운)을 달았고, 律呂(율려)와 對偶(대우)에 많은 苦心(고심)을 했다.

▶Meditate the Muse

「詩想에 잠기며~」㉮

詩 想시 상①

-順 道-

詩包萬象 調抒情 *萬象; 宇宙萬象. 調; 조화 조. 抒; 펼 서→抒情; 敍情.
시 포 만 상 조 서 정 (우주 만상) (서정 서정)

시 속에서는 우주 만상과 인간의 시적 정서가 조화를 이루나니

妙境因心 數散行 *妙境; 奧妙境地. 數; 자주 삭, 셀 수. 散行; 散策.
묘 경 인 심 삭 산 행

그 오묘한 경지에 마음 이끌려 자주 산책을 나선다네.

猛夏三伏 看氷柱 *猛; 사나울 맹. 看; 볼 간. 氷柱; 고드름.
맹 하 삼 복 간 빙 주

한여름 삼복더위에 고드름을 볼 수 있고

嚴冬雪寒 聽燕響 *嚴; 엄할 엄. 聽; 들을 청. 響; 울림 향→音響.
엄 동 설 한 청 연 향

엄동설한에도 제비들의 교향곡을 들을 수 있나니

閒獨鑑賞 有名曲 *閒=閑; 한가할 한. 鑑; 거울 감→(音樂)鑑賞.
한독감상 유명곡

한가로이 홀로 명곡을 감상하기도 하면서

逍逕吟誦 名詩歌 *逍; 거닐 소→逍風. 逕; 오솔길 경. 吟; 읊을 음. 誦; 욀 송.
소경음송 명시가

오솔길도 걸으며 유명한 시가를 읊어보기도 한다네.

種種成句 無比肩 *種種; 가끔. 肩; 어깨 견→比肩; 어깨를 나란히 함.
종종성구 무비견

종종 시 구절이 성사되면 더할 수 없는 기쁨이 되나니

於焉作詩 幾何年 *於焉; 於焉間. 幾; 얼마 기→幾何; 얼마, 幾何學.
어언작시 기하년

어언 시작을 가까이 한 지 벌써 몇 년이런가?

[解]

시 속에서는 우주 만상과 인간의 시적 정서가 조화를 이뤄
그 오묘한 경지에 마음 이끌려 자주 산책을 나선다네.
시 속에선 한여름 삼복더위에 처마 밑 고드름을 볼 수 있고
한겨울 엄동설한에도 제비들의 교향곡을 들을 수 있나니-
한가로이 홀로 명곡을 감상하기도 하면서
오솔길도 걸으며 유명한 시가를 읊어보기도 한다네.
종종 시 구절이 성사된다면 더할 수 없는 기쁨이 되니라.
어언 詩作을 가까이 한 지 벌써 몇 년이런가?

▶Meditate the Muse~

「詩想에 잠기며~」㉯

詩 想 시상②

-順 道-

森羅萬象 化詩想 *森; 수풀 삼→森羅萬象(삼라만상). 和; 調和.
삼 라 만 상　화 시 상

삼라만상은 詩想과 化和를 이루고 있어서

無窮引心 繁往來 *引; 끌 인→引心; 마음을 이끎. 繁; 자주 번.
무 궁 인 심　번 왕 래

무궁무진함에 이끌려 그 길을 자주 오고 감이라

春三月聽 落葉聲 *聽; 들을 청→廳; 관청 청.
춘 삼 월 청　낙 엽 성

(꽃피는) 춘삼월에도 (가을) 낙엽 지는 소리를 들을 수 있나니

晩秋滿開 看梅花 *晩秋=暮秋; 늦가을. 看; 볼 간.
만 추 만 개　간 매 화

(시 속에서는) 늦가을에도 활짝 핀 매화를 볼 수도 있으리라

散策中 暗誦詩賦 *誦; 욀 송→暗誦; 글을 소리 내 욈. 詩賦; 詩와 賦.
산책중 암송시부

산책 중에도 옛 시부를 암송하기도 하면서

孤高冥想 先聖賢 *孤高; 속세를 벗어나 홀로 고상한 척함.
고고명상 선성현

속세를 떠나 신선 된 마음으로 선현들의 가르침을 명상도 하나니

時時簾句 無比樂 *簾; 발 염, 엮을 염(렴).
시시염구 무비락

때때로 글귀 잘 엮여 시가 되면 비할 데 없는 즐거움이어라

於焉親詩 數年秊 *於焉(於焉間); 어느덧. 秊(년)=年(년); 해 년.
어언친시 수년년

어언 시를 가까이 한 지가 벌써 수년이 되었구나.

▶Material for Poetry~

「詩材를 찾아서~」㉰
시재

詩 材 시 재③

-順 道-

夕霞忽覺 平常心 *霞; 놀 하→夕霞; 저녁 놀. 忽; 문득 홀. 覺; 깨달을 각.
석 하 홀 각 평 상 심

평온한 어느 날 해질녘 노을 속에서 문득 깨닫고 보니

西五陵環 生活圈 *陵; 언덕 능. 環; 고리 환, 주위. 圈; 우리 권.
서 오 능 환 생 활 권

서오능 주변 환경이 이미 생활권이 되어 버렸음이라

些少多難 無端兮 *些; 적을 사→些少; 미미한 것. 端; 실마리 단.
사 소 다 난 무 단 혜

작고 미미하지만 다사다난한 일들은 어쩌할 방도가 없어

心物思索 遄四季 *心物; 唯心↔唯物. 遄; 빠를 천.
심 물 사 색 천 사 계 심 물

唯心과 唯物을 思索하려니 四季節이 후딱 지나가 버린다네
유 심 유 물 사색 사계절

陵在散策 皆詩材 *陵; 西五陵. 皆; 다 개, 모두 개.
능 재 산 책　개 시 재

능을 산책하다 보면 모든 것이 다 詩의 소재(素材)들이라

空林閑坐 千劫緣 *閑=閒; 한가할 한. 劫; 긴 세월 겁. 緣; 인연 연.
공 림 한 좌　천 겁 연

텅 빈 숲속에 한가롭게 앉아서 천겁의 인연을 생각한다네

回顧踪察 省悔恨 *踪=발자취 종. 悔; 뉘우칠 회→悔恨; 뉘우치고 한탄함.
회 고 종 찰　성 회 한

발자취[踵]를 회고해 보면 회한을 성찰하지 않을 수가 없다네

何餘路程 愆戾損 *道程(도정); 목적한 거리. 愆; 허물 건→愆戾(건려); 허물과 과실.
하 여 로 정　건 려 손

남은 생의 여정에 어떻게 허물을 덜손가 생각하게 되는구나.

▶책을 펼쳐놓고 나 홀로 詩를 吟誦(음송)해 보며-

獨自吟詩 독자음시④

-順 道-

閭門閑寂 尋春風 *閭; 이문 여(려)→閭門; 서민들 사는 집문. 尋; 찾을 심.
여문한적 심춘풍

집문 앞 골목길이 한적하여 찾아오는 이 봄바람뿐인데

隔墻花壇 已滿開 *隔; 뜰 격. 墻; 담 장→隔墻; 이웃 간 담장. 已; 이미 이.
격장화단 이만개

이웃 간 담장 화단엔 이미 꽃이 활짝 피었다네.

巷說無變 然自興 *巷說=巷談; 세상 풍설.
항설무변 연자흥

뭇사람 오르내리는 말들 변화 없어 스스로 흥겨움에 겨워

瞥見周圍 容花華 *瞥; 잠깐 별. 園; 동산 원. 圍; 둘레 위.
별견주위 용화화

화단 주위를 잠깐 보아하니 하나같이 꽃들이 화사하구나

入室案頭 迎書香 *案; 책상 안→案頭; 책상머리.
입 실 안 두 영 서 향

방 안에 들어서면 책상머리에서 나는 책 향기가 (날) 맞아준다네

探聞晤談 未得面 *晤; 밝을 오→晤談; 서로 터놓고 이야기함.
탐 문 오 담 미 득 면

가슴 열고 환담할 분 애써 찾았지만[探聞] 아직도 만나지 못해

展冊再叩 過儒遍 *叩; 물어볼 고, 두드릴 고. 儒; 선비 유. 遍; 두루 편
전 책 재 고 과 유 편

책 펼쳐 고개 처박고 옛 선비들을 두루두루 살펴보면서

更擧詩片 獨自吟 *更; 다시 갱, 고칠 경. 擧; 들 거. 吟; 읊을 음→吟誦(음송).
갱 거 시 편 독 자 음

또다시 詩片을 들고 나 홀로 詩를 읊어본다네

[註]

詩·賦(시부)를 吟誦(음송)한다는 것과, 書·畵(서화)를 觀覽(관람)한다는 것은 眞-善-美(진선미)를 探索(탐색)하고 追求(추구)한다는 점에 있어서는 동일하나, 前者(전자)는 읽고 읊으면서 後者(후자)는 보고 느끼면서 想像(상상)하며 思索(사색)한다는 점이 다르리라.

▶至極(지극)히 憂慮(우려)되는 우한[武漢(무한)]의 봄, 코로나-19로 인한 憂慮(우려)-

武漢之春 무한지춘⑤

-順 道-

發芽聲 便是春來 *芽; 싹 아→發芽; 싹이 틈. 便是; (다름없이) 곧 ~이다.
발 아 성 변 시 춘 래

새싹 돋는 소리 다름 아닌 곧 봄이 왔다는 희소식인데

豈非山色 青淨香 *豈; 어찌 기→豈非; 어찌 ~하지 않을손가?
기 비 산 색 청 정 향

어찌 산색인들 푸르고 향내 나지 않을손가?

松風溪聲 何是衆 *溪; 시내 계. 何; 어찌 ~하랴.
송 풍 계 성 하 시 중

솔바람에 개천 물소리 나는데도 중생들은 어찌해야 할까?

武漢怪疾 呻吟生 *武漢 怪疾; Corona Virus Disease-19(COVID-19).
무 한 괴 질 신 음 생

우한의 괴질에 중생들의 삶은 신음 소리만 낼 뿐이고

詩人墨客 深傷心 *傷心(心傷); 매우 근심하여 속상함.
시 인 묵 객 심 상 심

시인 묵객들은 마음속으로 상심만 깊어갈 뿐

有口有手 不疾治 *治; 다스릴 치. 疾; 병 질.
유 구 유 수 불 질 치

입 있고 손 있어도 괴질 치료할 수 없으니

碍膺之物 久炳恨 *碍; 꺼릴 애. 膺; 가슴 응→碍膺之物; 가슴속 응어리진 것.
애 응 지 물 구 병 한 애 응 지 물

가슴속 응어리진 병 오래갈까 걱정이로구나.

大慈大悲 作菩化 *菩; 보리 보. 薩; 보살 살→菩薩; 衆生濟度하는 聖人.
대 자 대 비 작 보 화 중생 제도 성인

대자 대비한 보살께서 중생을 불쌍히 여겨 제도해 주기만을…

[解] _ 읽는이들 스스로 감상을 적어 보세요.

▶初等學校 同窓, 옛 벗을 찾아 나서며~
초등학교 동창

探訪親友 탐방친우⑥

-順 道-

陽春絮雪 幻紛紛 *絮; 솜 서(버들개지). 幻; 변할 환. 紛; 휘날릴 분.
양 춘 서 설 환 분 분

봄볕에 눈가루처럼 휘날리는 버들개지가 환상적으로 휘날리는데

探訪溪畔 麥畝青 *溪; 시내 계. 畔; 두둑 반→溪畔; 시냇가. 畝; 이랑 무.
탐 방 계 반 맥 무 청

벗 찾아가는 길 시냇가 보리밭이 푸릇푸릇 싱그럽구나.

矼上逢孩 問居處 *矼; 징검다리 강. 孩; 어린아이 해.
강 상 봉 해 문 거 처

징검다리 위에서 우연히 만난 아이에게 벗 사는 곳 물어봤더니

指如遼遠 鵲巢形 *遼; 멀 요→遼遠; 아득하게 멂. 鵲; 까치 작. 巢; 집 소.
지 여 요 원 작 소 형

아련히 멀리 보이는 까치집 같은 형체를 손끝으로 말하네

幽明相隔 不能面 *幽; 그윽할 유→幽明; 저승과 이승. 隔; 사이 격.
유명상격 불능면

이승과 저승은 서로 멀어서 만날 수가 없다고들 하던데

昔日情誼 皆化夢 *昔; 예 석. 誼; 옳을 의→情誼; 사귀어 친해진 정.
석일정의 개화몽

옛날 서로 사귀어 티 없던 정이 모두 꿈으로 변해 버렸도다

含淚出門 廻角墻 *含; 머금을 함. 墻; 담 장→角墻; 담 모퉁이.
함루출문 회각장

눈물 머금고 문을 나서 담 모퉁이를 돌아서 나오자니

吾喪我 何約明年 *喪; 잃을 상. 約(期約); 때를 정한 약속.
오상아 하약명년

그간 내가 나를 잊고 살아왔으니 어찌 명년을 기약하랴

[解] _ 읽는이들 스스로 감상을 적어 보세요.

▶저물어가는 봄[暮春]을 그리며~
모춘

慕 暮春 모 모춘⑦

-順 道-

暮春細雨 斜風村 *細雨; 가랑비. 斜風; 엇비껴 바람 붐.
모 춘 세 우 사 풍 촌 세우 사풍

저물어가는 봄 가랑비가 산촌에 엇비껴 내리니

含芬花色 變衰容 *含; 품을 함. 芬; 가루 분. 衰; 쇠할 쇠.
함 분 화 색 변 쇠 용

향기 머금은 꽃잎이 점점 퇴색하여 변해가는구나

玉支花粧 劬競艷 *玉支花; 철쭉꽃. 劬; 애쓸 구, 수고할 구. 艷; 고울 염.
옥 지 화 장 구 경 염

늦게 피는 철쭉꽃은 곱게 단장하려 아름다움을 뽐내는데

杏桃李櫻 辭自元 *櫻; 벚꽃 앵. 辭; 말 사→辭自元; 스스로 사양함.
행 도 이 앵 사 자 원

일찍 핀 살구 복숭아 배 벚꽃은 으뜸 되기를 스스로 사양했도다.

鳴禽花裏 交分情 *鳴; 울 명. 禽; 날짐승 금. 裏; 속 리(이).
명금화리 교분정

고운 소리로 노래 부르는 새들은 꽃 속에서 정겹게 교류하고

蜂蝶紛飛 成樂園 *蜂; 벌 봉. 蝶; 나비 접. 紛; 어지러워할 분.
봉접분비 성낙원

벌 나비는 펄펄 분주하게 날아다니며 낙원을 이루어가는데

適時萬象 從順理 *適; 알맞을 적→適時; 알맞은 때. 適地; 알맞은 곳.
적시만상 종순리

삼라만상은 적절한 때를 알아 자연의 순리대로 따르거늘

唯人不和 傲慢存 *唯; 오직 유. 傲; 오만할 오. 慢; 게으를 만.
유인불화 오만존

오직 인간만이 그런 것을 모르고 오만한 존재로 살아간다네.

[解] _ 읽는이들 스스로 감상을 적어 보세요.

▶봄의 정겨움을 回想(회상)하며~

懷 春情회 춘정⑧

-順 道-

忽傳世人 已去春 *懷; 품을 회. 忽; 갑자기 홀. 已; 이미 이.
홀 전 세 인 이 거 춘

봄은 이미 다 지났다는 갑작스런 세인들의 호들갑에

催促惆然 登梅峯 *催; 재촉할 최. 惆; 실망할 추→惆然; 실망하여 낙담함.
최 촉 추 연 등 매 봉

실망스러워 근처 매봉산에 서둘러 올라보았더니

軟綠日新 盡青山 *軟; 연할 연. 綠; 푸를 록→軟綠; 軟綠色의 준말.
연 록 일 신 진 청 산

연푸른 산록은 나날이 짙게 물들어가고 있는데

珍嵐若起 濁青明 *嵐; 이내람→*이내; 산세가 푸르스름한 기운.
진 람 야 기 탁 청 명

짙은 이내가 일어 맑고 푸른빛을 흐리게만 하는구나

清陰獨坐 歆松香 *歆; 흠향할 흠→歆饗=殞感; 神明이 祭物을 받아먹음.
청음독좌 송향 흠향 운감 신명 제물

맑고 청정한 그늘에 홀로 앉아 솔숲 향기에 취해 있나니

風塵世緣 情意外 *塵; 티끌 진→風塵; 어지러운 세상일. 世緣; 세상 인연.
풍진세연 정의외 세연

풍진 세상에 맺은 인연들이 뜻밖에도 정겨워지는도다

疲軀引導 歸來家 *疲; 지칠 피. 軀; 몸 구→疲 軀; 지친 몸. 導; 이끌 도.
피구인도 귀래가

피곤한 몸 이끌고 애써 귀가해 보니

花開鳥鳴 迎我所 *迎; 맞을 영. 我所*; 내 처소, 내가 있었던 곳.
화개조명 영아소

꽃피고 새우는 봄은 이미 와서 날 맞이하는구나.

[解] _ 읽는이들 스스로 감상을 적어 보세요.

▶봄을 보내고 新綠을 맞이하면서~
신록

送春 迎綠 송춘 영록⑨

-順 道-

天人五衰 落殘花 *天人五衰; 천인의 다섯 복락이 쇠함. 殘花; 이울어지는 꽃.
천 인 오 쇠 낙 잔 화

세상사 복락이 다해 쇠하듯 화려한 꽃도 이울어지니*

陽炎午睡 已春暮 *陽炎; 아지랑이→*陽炎=野馬=遊絲. *이울다; 시들다.
양 염 오 수 이 춘 모 (야마) (유사)

아지랑이 속 낮잠 졸던 봄도 이미 다 저물었구나.

布穀鳥聲 言無期 *布穀鳥; 뻐꾹새, 뻐꾸기.
포 곡 조 성 언 무 기

들려오는 뻐꾹새 소리 마치 세월은 기약이 없다는 듯 우나니

衆人聽耳 歲月音 *聽; 들을 청→聽耳; 총명하게 귀 기울이다. 歲月音; 세월 흐름 소리.
중 인 청 이 세 월 음

뭇사람들은 덧없이 흘러가는 세월 소리에 애써 귀 기울인다네

[註]

*이울어지니(이울다-動詞); 꽃이나 잎이 시들다→차차 衰弱하여지다.
(동사) (쇠약)

例)이울어진 마른 잔디. 이울어진 冬栢花…
(동백화)

造化主圖 管炎凉 *造化 主; 조물주. 圖; 意圖하다. 管; 管掌하다. 炎凉; 季節.
조 화 주 도 관 염 량

조물주는 의도한 바 있어 오가는 계절을 관장한다지만

攝理奧妙 不知變 *攝; 당길 섭→攝理; 자연, 우주를 지배함. 奧; 속 오→奧妙.
섭 리 오 묘 부 지 변

자연의 섭리는 오묘하여 그 변화를 우리네는 알 수 없는 것

濃陰將就 連天地 *濃; 짙을 농→濃陰; 짙은 녹음. 將; 나아갈 장→日就月將(將就).
농 음 장 취 연 천 지

나날이 신록의 녹음은 짙어져 온 천지로 이어지나니

不遠期待 充蟬聲 *蟬; 매미 선→蟬聲; 매미 울음소리.
불 원 기 대 충 선 성

머지않아 기다리던 매미 우는 소리 실컷 듣겠네.

▶초여름[孟夏]의 보리 익을 무렵, 芒種에~
맹하 망종

孟夏 芒種 맹하 망종⑩

-順 道-

鄕里農唱 麥收歌 *孟; 첫 맹→孟夏(初夏); 첫 여름. *鄕里(鄕村); 鄕土(고향 마을).
향 리 농 창 맥 수 가

고향 농가에서는 보릿가을 하느라 콧노래 한창일 터이고

月令歌訟 羅祿種 *月令歌; 農家月令歌. 羅祿; 나락벼→*羅祿=嘉穀=正租.; 벼
월 령 가 송 나 록 종 나록 나 록 가 곡 정 조

벼 심기 하느라 다달이 행하는 농가월령가*도 흥얼거리겠구나.

化翁勤民 祐增收 *造化翁; 조물주. 勤; 근면할 근→勤勉. 祐; 도울 우.
화 옹 근 민 우 증 수

조화옹이 근면한 백성들께 수확이 많도록 도움 주었기 때문이리라

麥嶺留苦 如流夢 *麥嶺; 보릿고개. 留; 머무를 유.
맥 령 유 고 여 류 몽

이젠 보릿고개라는 옛적 고뇌가 흘러가는 꿈처럼 되어버렸나?

[註]

*농가월령가(農家月令歌); 농가에 관한 노래→농가에서 정월[1月]부터 섣달[12月]까지 월별로 갈라서 월령체(月令體)로 지은 노랫가락(다달이 해야 할 일, 풍속, 범절 따위…). 朝鮮朝 때의 농촌 풍속.

風潮時變 多傳統 *潮; 조수 조, 풍조 조→風潮; 시대 따라 변하는 세상의 변화.
풍 조 시 변 다 전 통

사회 풍조와 지켜야 할 많은 전통이 시시각각 변화되고 있는데

世相亢進 混濁遊 *世相(世態); 세상 형편. 亢; 오를 항. 遊; 놀 유.
세 상 항 진 혼 탁 유

요마적* 세태는 혼탁한 놀이만을 향해 기세 등등 높아져만 간다네

遠近傾耳 孟夏韻 *韻; 소리 울림 운→押韻; 율시에 운을 달다.
원 근 경 이 맹 하 운

멀고 가까운 곳에서 들려오는 초여름의 화음에 귀재*이며

披讀回想 去歲愁 *披; 책 펼 피→披讀; 책을 펴놓고 읽음.
피 독 회 상 거 세 수

책 펴놓고 읽다가 지난 세월 아픈 시름* 회상해 본다네

[註]

*귀재이며(귀재이다); 잘못 들은 것은 아닌가 하고 바짝 귀 기울이다.

*요마적; 요즈음, 근자에.

*孟夏(初夏); 초여름, 음력 '四月'을 달리 이르는 말.

▶端午節의 典範을 생각하면서~
단오절 전범

端午 단오⑪

-順 道-

紅華紅葉 散芬芬 *芬; 향기로울 분→芬芬; 향기롭다.
홍 화 홍 엽 산 분 분

붉게 물든 향기로운 꽃잎 바람에 어지럽게 흩날릴 때면

年秊端午 思典範 *年=秊; 해 년. 典範; 본보기가 될 만한 모범.
년 년 단 오 사 전 범

해마다[年秊] 돌아오는 端午의 典範을 생각해 본다네
단오 전범

祭日衆歌 掃愁心 *祭日; 端午祭日. 掃; 쓸 소→*一掃; 남김없이 쓸어서 없앰.
제 일 중 가 소 수 심

단오제 날엔 대중의 노랫소리 근심 걱정 일소해 주나니

菖蒲薔蒲 洗髮毛 *菖; 창포 창. 蒲; 부들 포. 薔; 장미 장(물여뀌). 洗; 씻을 세.
창 포 장 포 세 발 모

창포물과 장포 물로 머리 감아 정갈한 향 주위에 풍기고

艾草母草 劑藥湯 *艾; 쑥 애→艾草; 쑥. *母草; 益母草. 劑; 약제 제.
애 초 모 초 제 약 탕

쑥[艾草]과 익모초[益母草]로 약탕 지어 몸 보살핀다네.

端午風俗 嫁棗樹 *嫁; 시집갈 가. 棗; 대추 조→棗樹; 대추나무.
단 오 풍 속 가 조 수

단오절 풍속엔 대추나무 시집보내기도 있었나니

弓術石戰 半仙戲 *戲; 놀 희→*半扇戲=錘韆; 그네, 그네 타기.
궁 술 석 전 반 선 희 반 선 희 추 천

궁술 석전에 그네뛰기도 있었음이라

以少敬長 端午扇 *扇; 부채 선→端午扇; 端午祭 때 선물로 주고받던 부채.
이 소 경 장 단 오 선

젊은이들이 어른들을 존경하여 단오 부채를 선사하기도 했다네.

[解] _ 읽는이들 스스로 감상을 적어 보세요.

▶夏至(하지)를 깊이 생각하면서 살펴봄.

考察 夏至 고찰 하지⑫

-順 道-

曲肱枕中 夢閑想 *肱; 팔 굉. 枕; 베개 침→曲肱而(이) 枕中; 팔베개 잠을 잠.
곡 굉 침 중 몽 한 상

팔베개 삼아 잠든 꿈속 한가로운 생각에 잠겨드는데

寤寐思服 作詩苦 *寤; 잠깰 오. 寐; 잠잘 매→*寤寐思服(寤寐不忘); 자나깨나 못 잊음.
오 매 사 복 작 시 고

자나 깨나 생각하는 詩作의 어려움이 꿈에서조차 나타날 줄이야

覺寤爽 生硬三友 *覺寤; 잠에서 깸. 硬; 굳을 경→生硬; 시문 따위가 미숙함.
각 오 상 생 경 삼 우

잠깨어 보니 초여름 햇살이 상쾌해 북창삼우*가 생게망게하구나*

歡悅格格 橘上鳥 *歡; 기쁠 환. 悅; 기쁠 열→歡悅; 즐겁고 기쁨. 橘; 탱자나무 귤.
환 열 격 격 귤 상 조

탱자나무 위 새들은 즐거운 듯 아랑곳하지 않고 지저귀는데

[註]

*北窓三友(북창삼우); 거문고[琴(금)]-술[酒(주)]-시[詩(시)]를 가리킨다.

*생게망게하다; 도무지 생각이 나지 아니하다→[말이나 짓이 터무니없어] 이해할 수 없다.

犬猫午睡 下櫻桃 *猫; 고양이 묘. 櫻; 앵두나무 앵→櫻桃; 앵두(앵도; 원말).
견 묘 오 수 하 앵 도

개 고양이는 앵두나무 밑에서 세상 모른 채 낮잠만 자고 있구나.

初更篤篤 吐蚊鳥 *篤篤; 쏙독새 울음소리. 吐蚊鳥; 쏙도 새(초저녁에 우는 새)
초 경 독 독 토 문 조

초저녁부터 울어대는 쏙독새 소리에 맘속으론 서글퍼지지만

收麥播種 勤栽源 *收麥; 보리 수확. 播種; 모 심다. 勤; 부지런할 근. 栽; 가꿀 재.
수 맥 파 종 근 재 원

밀 보리는 수확하고 모심고 파종하여 근면하게 잘 가꿔져

衷心祈願 豊饒邦 *衷; 속마음 충. 饒; 넉넉할 요. 邦; 나라 방.
충 심 기 원 풍 요 방

나라가 풍요롭기를 마음속 깊이 기원해 본다네.

[解] _ 읽는이들 스스로 감상을 적어 보세요.

▶세상사 期約도 없이 混沌으로 저물어 가는데-
기약 혼돈

盛夏散策성하산책⑬

-順 道-

五陵草木 至盛夏 *五陵; 西五陵. 盛夏; 한여름.
오 능 초 목 지 성 하

서오능 초목들도 한여름이 되니

綠陰日益 連陵線 *綠; 짙을 녹(록)→綠陰.
록 음 일 익 연 능 선

나날이 짙어가는 녹음은 능선 따라 이어지는구나

樹上色禽 飛翔枝 *樹上; 우듬지, 나무 꼭대기. 禽; 날짐승 금. 翔; 날 상.
수 상 색 금 비 상 지

우듬지의 각양각색 새들은 이 가지 저 가지로 날아다니고

塘池觀魚 弄睡蓮 *塘; 못 당→塘池; 연못. 弄; 희롱할 농. 睡蓮; 신화 속 미소년.
당 지 관 어 농 수 연

연못 속 관상어들은 신화 속 미소년들이 춤추듯 휘늘어져 있고

暴炎細柳 似柔舞 *細柳; 늘어진 버들가지. 似; 같을 사. 柔 舞; 흐느적거리는 춤.
폭 염 세 류　사 유 무

폭염 속 버들가지들은 흐느적거리며 춤추듯 처량해 보이는구나

霖後花態 涕淚凄 *霖; 장마 림. 花態; 꽃 모양. 涕; 눈물 체→涕淚; 눈물 흘리다.
림 후 화 태　체 루 처

긴 장마 후의 꽃 모습은 눈물을 흘린 듯 처량해 보이도다.

世相無約 暮混沌 *世相=世態. 混; 저물 혼. 沌; 어두울 돈→混沌=渾沌(혼돈).
세 상 무 약　모 혼 돈

세상사는 기약도 없이 혼돈으로 저물어 가는데

大塊理妙 不知界 *塊; 흙덩이 괴→大塊; 대자연(大自然). 理; 理致. 妙; 奧妙.
대 괴 리 묘　부 지 계

대자연은 그 이치가 오묘하여 경계를 알지 못한다네.

[解] _ 읽는이들 스스로 감상을 적어 보세요.

▶七月 末伏. 해서, 七月을 '蘭月·蘭秋'라고도 한다.
말복 난월 난추

어디선가 蘭香이 振動하는구나…
난향 진동

伏日民心 복일민심⑭

-順 道-

老翁十兩 坐角墻 *兩; 두 량(둘)→十 兩; 20. 墻; 담 장→角墻; 담 모퉁이.
노 옹 십 량 좌 각 장

늙은이 이십여 명 담 모퉁이에 끼리끼리 둘러앉아

枝朶濃陰 對碁盤 *朶; 늘어질 타→枝朶; 가지가 늘어짐. 碁; 바둑 기. 盤; 소반 반.
지 타 농 음 대 기 반

휘늘어진 나뭇가지 그늘 밑에서 바둑들을 두고 있구나.

民心願滲 塔骨境 *滲; 스밀 삼(배다). *塔骨; 탑골공원. 境; 지경 경→境內.
민 심 원 삼 탑 골 경

모두가 원하는 민심은 탑골공원 경내에 스며들었는데

仙蟬聲影 下蘿蔓 *蟬; 매미 선. 蘿; 담쟁이 라. 蔓; 덩굴만→蘿蔓; 담쟁이덩굴.
선 선 성 영 하 라 만

신선처럼 우는 매미 소리만 담쟁이 넝쿨 그림자 속에 묻혀버리네

世相世俗 從時變 *世相(世態); 세상사. 從; 좇을 종→從時變; 때때로 변하다.
세 상 세 속 종 시 변

세상사 민심은 세속에 따라 때때로 변한다지만

三仇年季 固不遷 *仇; 원수 구→三仇; (육신·마귀·세속)의 세 怨讐(원수). 遷(천); 변할 천.
삼 구 년 년 고 불 천

해마다 이어 전해 내려오는 못된 풍속[三仇]은 바뀌질 않는구나.

伏日鷄犬 何幾屠 *屠; 도살할 도. 幾何; 얼마나(몇 개나) 될까?
복 일 계 견 하 기 도

오늘 같은 복날 개[犬], 닭[鷄]이 얼마나 많이 도살됐을까?

忽然梔發 流炎天 *忽; 소홀이할 홀→忽然; 갑자기, 어느새. 梔; 치자나무 치.
홀 연 치 발 류 염 천

치자꽃 만발하니 어느새 삼복더위도 흘러가는구나

[解] _ 읽는이들 스스로 감상을 적어 보세요.

▶과연 난 뭣 했을꼬? 世上萬事(세상만사) 이미 다 定(정)해져 있는 것을…

何 不我成 하 불아성⑮

-順 道-

晩秋寒霜 滿山紅 *晩; 늦을 만→晩秋; 늦가을. 紅; 붉을 홍→絳; 진홍 간.
만 추 한 상 만 산 홍

늦가을 찬 서리에 온 산 붉게 물들고

朔風落葉 鳥飛高 *朔; 초하루, 북방 삭→朔風; 북쪽에서 불어오는 찬바람.
삭 풍 낙 엽 조 비 고

삭풍에 낙엽 지니 가을 철새 높이 나는구나

半日看書 休散策 *看; 볼 간→看書; 책을 보다.
반 일 간 서 휴 산 책

반나절 책 뒤적이다 휴식 취하려 산책 드니

日暮西山 霞餘徽 *暮; 저물 모. 霞; 노을 하. 徽; 아름다울 휘.
일 모 서 산 하 여 휘

해지는 서산 저녁놀 아름답기도 하도다

映窓盈月 在蟲鳴 *盈; 가득 찰 영→盈月(滿月); 가득 찬 달. 蟲; 벌래 충. 鳴; 울 명.
영창영월 재충명

영창에 뜬 둥근 달 달빛 속 우는 벌래 소리

輾轉不寐 心傷心 *輾; 구를 전. 轉; 돌아누울 전→輾轉; 잠 못 이루어 뒤척임.
전전불매 심상심

상심 속 맘 흔들려 잠 못 이루고 뒤척이다

孤暫夢 何不我成 *暫; 잠시 잠. 夢; 꿈 몽.
고잠몽 하불아성

외로워 잠깐 잠든 꿈속에서 과연 이루어 놓은 게 뭘까?

世上萬事 旣原定 *旣; 이미 기, 처음부터 기. 定; 정할 정.
세상만사 기원정

세상만사 본래 이미 다 정해진 것을…

[註]

*日暮途窮 吾生已蹉跎; 해는 저물어가고 갈 길은 아득한데
일모도궁 오생이차타

늙고 衰弱해 발을 헛딛다[蹉跎].
쇠약 차타

*輾轉不寐=輾轉反側; 이리저리 뒤척이며 잠 못 이룸.
전전 불매 전전 반측

*傷心(心傷); 마음이 상함.
상심 심상

▶즉석 詩 한 首를 읊을 것 같은 분위기-
風趣(풍취)가 있는 情趣(정취).

風 情 풍 정⑯

-順 道-

鶯鳳風情 吟如詩 *風; 風趣, 情; 情趣→*風情; 풍취가 있는 정취. 吟; 읊을 음.
앵 봉 풍 정 음 여 시

즉석에서 詩 한 首 금방 읊을 것 같은 鶯鳳山(西五陵 뒷산) 풍정
앵 봉 산 서 오 능

五陵封墳 倒影天 *封墳; 흙으로 쌓아 올린 무덤. 倒影; 거꾸로 비친 그림자.
오 능 봉 분 도 영 천

서오능 봉분들 맑고 고운 하늘에 얼비추고

古朴西村 庶生聚 *古朴(古樸); 예스럽고 질박함. 聚; 모일 취, 마을 취.
고 박 서 촌 서 생 취

예스럽고 질박한 서촌에 서민들 옹기종기 모여 사는데

香風徑路 兩三枝 *徑; 지름길 경→徑路; 지름길, 오솔길.
향 풍 경 로 양 삼 지

두세 가닥 갈린 오솔길에 들어서니 맑은 향내 풍기는구나

蒼枯蒼瓦 層雪景 *蒼; 푸를 창. 枯; 마를 고→蒼枯蒼然(古色蒼然); 예스러움.
창고창와 층설경

고색창연한 기와지붕엔 하얀 눈이 층층이 쌓이고

古樣石墻 蔓茂垂 *樣; 모양 양. 墻; 담 장→石墻; 돌담. 蔓; 덩굴 만. 茂; 무성할 무.
고양석장 만무수

예스런 돌담엔 마른 덩굴만 드리워져 있는데

現代文明 凌辱神 *凌; 업신여길 능. 辱; 욕되게 할 욕→凌辱; 업신여겨 욕되게 함.
현대문명 능욕신

현대 문명사회에서는 神마저 능욕하거늘

豈焉排斥 俗堪持 *豈; 어찌 개. 焉; 어찌 언→豈焉; 어찌 ~하랴. 堪; 견딜 감.
개언배척 속감지

어찌 그를 배척하고 옛 풍속을 굳건히 지킬 것인가?

▶LA 南西쪽 San Pedro 港口 언덕배기,
남서 항구

太平洋을 바라보고 서 있는 청기와 四角亭의 鐘…
태평양 사각 정 종

友情의 鍾 우정의 종-LA⑰

-順 道-

是, 富都閑寂 疎街人 *是(發語詞); 대저, 참으로. *富都; LA市. 疎; 성글 소.
시 부 도 한 적 소 가 인

대저, 부유한 도시-LA 한적한 거리에 행인은 드문드문

甲殼寒家 圍碁盤 *殼; 껍질 각→甲殼; 게 등딱지. 寒家(單家); 단층집. 碁; 바둑 기.
갑 각 한 가 위 기 반

게 등딱지처럼 즐비한 집들 바둑판 같은 도로에 갇혔구나.

諸車往來 如今昔 *昔; 예 석→今昔; 오늘과 어제, 현재와 과거.
제 차 왕 래 여 금 석

오가는 차량들 예나 지금이나 변함없이 분주한데

燕烏哀訴 飛蒼空 *燕; 제비 연→燕烏; 갈 까마귀. 蒼; 푸를 창→蒼空; 푸른 하늘.
연 오 애 소 비 창 공

갈 까마귀들은 애 슬피 울어대며 속절없이 창공만 배회하네.

遊船動動 進疾風 *遊; 놀 유→遊船(遊覽船). 疾; 빠를 질→疾風; 세찬 바람.
유 선 동 동 진 질 풍 유람선

놀잇배 통통거리며 세찬 맞바람 받아 태평양 물살 가르는데

靑瓦四角 鐘友情 *靑瓦四角; 청기와 지붕 사각정.
청 와 사 각 종 우 정

청기와 사각정에 매달린 우정의 종소리 울리어라

何遠野必 聲自樂 *何; 어찌 ~하랴. 遠野; 먼 산야. *自樂; 스스로 즐김.
하 원 야 필 성 자 락

어찌 머~언 곳까지 꼭 울려 퍼져야 만족한다더냐?

絶勝坊曲 無比肩 *絶勝; 명승지. *坊曲; 坊坊曲曲. 肩; 어깨 견→比肩; 어깨 견줌.
절 승 방 곡 무 비 견

방방곡곡 가는 곳마다 비할 수 없는 절경들인 것을…

[註]

*友情의 鐘; LA 南西쪽 San Pedro 港口 언덕배기에 세워진 靑瓦 四角亭에 매달린 鐘.
우정 종 남서 항구 청와 사각정 종

*1974년 7월 4일; 美 獨立 200週年 記念을 위해 朴正熙 維新政府가 세운 友情의 鐘.
미 독립 주년 기념 박정희 유신 정부 우정 종

*盧泰愚, 李壽成; 訪問하여 記念植樹한 꽤 알려진 觀光 訪問 장소다.
노태우 이수성 방문 기념 식수 관광 방문

▶평온하고 드레드레한* 마음이니-

平圓心 평원심⑱

-順 道-

雖軀容膝 平圓心 *雖; 비록 ~할지라도. 膝; 무릎 슬→容膝; 겨우 몸 붙이고 사는 삶.
수 구 용 슬 평 원 심

비록 세상사에 몸 붙인 삶이지만 마음만은 평온하고 드레드레하나니*

餘八秩 虛望悟省 *秩; 10년 질. 旬; 10년 순. 悟; 깨달을 오→省悟; 깊이 깨달음.
여 팔 질 허 망 오 성

나이 팔십 넘어서야 비로소 욕망이 헛됨을 깨닫게 되었도다

貧慈爭權 不願引 *貧; 빈약할 빈→貧慈; 자비심이 빈약함. 引; 끌 인.
빈 자 쟁 권 불 원 인

자비심 없고 권세만 다투는 정계에 애초부터 마음 끌릴 리 없네

萬瞞財界 多低通 *瞞; 속일 만→奇巒(欺罔=誣罔); 그럴듯하게 속여 넘김.
만 만 재 계 다 저 통

기만이 횡횡하는 재계는 저속함이 지나쳐 돈으로만 통용되나니

[註]

*드레드레하다; 物件(물건)이 많이 매달려 있거나 늘어져 있는 模樣(모양).

*秩; 차례 질, 10년 질→八秩(팔 질); 나이 80세.

忍苦撫孤 吟誦句 *撫; 어루만질 무. 吟; 읊을 음. 誦; 욀 송. 句; 詩句(成句=節句).
인고무고 음송구

괴로움은 참고 외로움은 달래어 지은 詩句를 읊조리면서

大觀歲流 克寒事 *大觀; 크게 전체를 내다봄. 歲流=時流. 寒事; 차가운 세상사.
대관세류 극한사

시대 흐름 트인 마음으로 바라보며 차가운 세상사 견뎌 본다네.

種種顧程 遠杳渺 *種種; 때때로, 종종. 顧; 돌아볼 고→回顧. 渺; 아득할 묘.
종종고정 원묘묘

종종 아득히 멀게만 느꼈던 지난 여정을 되돌아볼 때마다

先人嘆息 知此知 *嘆; 탄식할 탄→*嘆息=歎息. 此; 이 차(이에, 그래서).
선인탄식 지차지

옛 선인들이 탄식했던 그 뜻을 이제야 조금은 알 것도 같구나.

▶時于立冬; 입동에 즈음하여-
시우입동

時于 立冬 시우 입동⑲

-順 道-

霜降寒風 焰風絳 *霜降; 24절기 중 서리 내림 절기. 焰; 불꽃 염. 絳; 진홍 강.
상강한풍 염풍강

상강 절기에 찬바람 불어 불꽃 같은 단풍 드니

落紅粉紛 繡紋山 *粉; 가루 분. 紛; 휘날릴 분. 繡; 수놓을 수. 紋; 무늬 문.
낙홍분분 수문산

지는 낙엽 아름다운 강산으로 무늬 지어 수놓는구나

塵界陌路 此産豊 *塵; 티끌 진→塵界; 俗世. 陌; 거리 맥→陌路; 서울 주변 길.
진계맥로 차산풍

속세의 서울 주변 길살이 이제서야 풍요로워지는도다

蘆荻花 亂無 越岸 *蘆; 갈대 로(노). 荻; 물억새 적→蘆荻花; 물억새꽃.
로적화 난무 월안

물억새꽃은 물가 언덕에 어지럽게 날리고

羸木沈眠 佇斷崖 *羸; 헐벗을 리(이)→羸木(裸木). 佇; 머물 저. 斷; 끊을 단→斷崖.
리 목 침 면 저 단 애

잎이 진 나목[羸木]들은 깊이 숨 잠긴 채 벼랑 위에 서 있겠지

流光中 不復无往 *流光; 빠르게 흐르는 세월. 不復无往(无往不復); 사물은 반복됨.
유 광 중 불 복 무 왕

흐르는 세월 속에서도 사물은 반복하며 순환하나니

園庭偶坐 哄然笑 *偶坐; 마주 앉다. 哄; 떠들썩 홍→哄然笑(哄然大笑); 크게 웃음.
원 정 우 좌 홍 연 소

뜰에 벗과 마주 앉아 잔 오가며 크게 웃는 중에도

隱然自悔 誘念懷 *隱; 숨길 은. 悔; 뉘우칠 회. 誘; 꾈 유. 懷; 품을 회.
은 연 자 회 유 념 회

은연중에 스스로 뉘우치며 맘속 회포를 달래본다네

[解]

「상강 절기부터 내린 서릿바람에 단풍이 불꽃처럼 빨갛게 물드니, 어지럽게 휘날리며 떨어진 낙엽들이 온 강산을 무늬 지어 수놓은 듯하구나. 때 낀 속세의 서울살이 길도 이제사 겨우 풍요로워지는 것 같도다. 억새풀과 물억새꽃이 물가 언덕배기에 어지럽게 휘날리고 잎새 떨어진 나목들은 숨 잠긴 채 지금도 벼랑 위에 서 있겠지-, 빠르게 흐르는 세월 속에서도 모든 사물은 순환 반복되나니, 뜰 정원에 벗과 마주 앉아 술잔 오고가며 모처럼 즐겁게 파안대소하는 중에도 은연중 스스로 뉘우치며 서글펐던 회포를 달래본다네.」

望 日常 망 일상⑳

-順道-

鶯鳳樹霜 雪紛紛 *樹霜(樹稼); 상고대 눈꽃나무. *紛紛; 어지럽게 휘날림.
앵 봉 수 상 설 분 분

앵봉산 눈꽃나무[樹霜]에 눈발은 휘날리는데

疊日蟄居 塞氛霧 *疊; 거듭 첩. 蟄居; 집 콕. 氛; 기운 분→氛霧; 어지러운 世道.
첩 일 칩 거 색 분 무

기운이 혼잡한 세도(世道) 속에 집콕(蟄居)만 거듭되니

撥蘭反正 好時節 *撥亂反正(撥正); 어지러운 세상을 바른 세상으로 회복함.
발 란 반 정 호 시 절

어지러운 세상을 바른 세상으로 회복할 이 좋은 시절에

遮日臨政 欣求淨 *遮; 막을 차. 欣求淨土(欣求淨); 淨土에 往生하길 기원함.
차 일 임 정 흔 구 정

햇빛 가리는 政事에 임하여 淨土에 往生하길 구원함이라

峻山崇峯 不登頂 *峻; 높을 준→峻山; 높고 험한 산. 登頂; 정상에 오름.
준 산 숭 봉 불 등 정

높은 산을 바라만 보고 아직도 정상에 오르지 못하였고

清澗幽谷 未踏査 *澗; (계곡)시내 간→清澗(清溪); 맑은 시내. 踏; 밟을 답→踏査
청 간 유 곡 미 답 사

맑은 개울 물 흐르는 그윽한 산골짜기를 아직도 미답(未踏)했으나

雖傘壽心 征欲甚 *雖; 비록 수. 傘壽; 八十歲. 征欲=征服하고 싶은 욕망.
수 산 수 심 정 욕 심

비록 몸은 팔십이지만 마음만은 심히 간절함이라

前年而歲 望日常 *前年而歲; 前年에 이은 今年. 望日常; 일상생활을 바람.
전 년 이 세 망 일 상

전년에 이은 금년에도 일상생활 할 수 있기를 지극히 바라면서…

▶어젯밤[昨夜(작야)] 내린 백설은 하늘의 은혜로움일세[恩天眷(은천권)]~

昨夜降雪 작야강설㉑

-順 道-

昨夜降雪 彫形像 *彫; 새길→彫像; 새겨 형상을 만들다.
작 야 강 설 조 형 상

지난밤 내린 눈이 갖가지 형상을 이루었는데-

車徐行路 消騷音 *徐; 천천히 서→徐行. 騷; 떠들 소→騷音.
거 서 행 로 소 소 음

차량들 엉기정기하니 차량 소음도 거의 없구나

寂寞都心 閑人跡 *寂; 고요할 적. 寞; 쓸쓸할 막. 閒(閑); 한가할 한.
적 막 도 심 한 인 적

한적하고도 적막한 도심에 행인들도 드문드문

寒雪杳處 有人情 *杳; 아득할 묘→杳 處; 아득하고 먼 곳.
한 설 묘 처 유 인 정

눈 내린 추운 날 아득한 곳에도 사람의 인정만은 여전한 듯

變移世態 遷奢蕩 *變移世態; 변해가는 세태. 遷; 옮길 천. 奢; 사치할 사.
변이세태 천사탕

나날이 변해만 가는 세태는 사치와 방탕으로 옮아감인데

今昔天眷 潔白恩 *眷; 은혜로울 권→天 眷; 하늘이 내린 은혜.
금석천권 결백은

예나 지금이나 은혜로운 하늘은 청결한 백설을 내려주었네

不遠未來 臨春地 *臨; 임할 림(임)→臨春; 봄이 옴.
불원미래 임춘지

머지않은 미래에 우리가 사는 세상에 봄이 오면

夢餘冬眠 欠伸長 *夢餘(餘夢); 꿈에서 깬 산천초목. 欠伸長; 기지개를 켬.
몽여동면 흠신장

겨울잠에서 깬 삼라만상이 크게 기지개를 켜겠지-

▶榮山江 水邊에 뛰어난 絶勝들을 再吟味하면서-
수변 절승

榮山八景 영산팔경㉒

編作, -順 道-
편 작

榮山落照 河口堰 *照; 비출 조→落照夕陽; 석양에 지는 해. 堰; 방죽 언.
영 산 낙 조 하 구 언

금빛 저녁놀에 곱게 물든 영산강 하구언의 해 지는 풍경

夢灘蘆笛 息營亭 *灘; 여울 탄. 蘆; 갈대 노(로). 笛; 피리 적.
몽 탄 노 적 식 영 정

꿈의 여울[夢灘] 갈 피리 소리[蘆笛]와 만나는 경연장[息營亭]

石串歸帆 詠樓亭 *串; 곶 관→石串; 돌 곶. 帆; 돛 범. 詠; 읊을 영.
석 관 귀 범 영 루 정

황포돛배가 닻 내린 돌 곶[石串] 풍류객들이 시가 읊던 樓亭과 鄕校.

竹山春曉 竹山洑 *曉; 새벽 효→曉星; 새벽별. 洑; 보 보, 보막이 보
죽 산 춘 효 죽 산 보

들꽃이 사방에 흐드러져 손 흔드는 죽산보 둔치 물가 언덕 수변(水邊)

錦城祥雲 地平線(금성상운 지평선) *祥; 상스러울 상→祥雲; 瑞氣(서기) 어린 雲霧(운무).

풍요롭게 펼쳐진 나주평야 금성산을 휘감고 도는 瑞氣 어린 雲霧.

平沙落雁 昇村洑(평사낙안 승촌보) *雁; 기러기 안→雁書(雁信); 소식을 전하는 편지.

모래사장에 기러기 날아드는 극락강과 황룡강 물길 화합의 승촌보

時歌夜雨 風詠亭(시가야우 풍영정) *詠; 읊을 영. 懸; 매달 현. 懸額; 현판에 써서 건 액자.

밤비 부슬부슬 詩歌 읊듯 '한석봉'의 명필 걸개 '風詠亭'

竹林煙雨 濕地雲(죽림연우 습지운) *煙雨(연우); 안개 자욱한 비. 濕; 축축할 습→濕地(습지).

절경의 대나무 숲[竹林], 안개비[煙雨]가 그윽한 '구름 바림[濕地]'

[註]

생명과 풍요의 榮山江(영산강)은 潭陽(담양) 용추계곡 龍沼(용소)에서 발원한 물줄기가 光州(광주)-羅州(나주)-咸平(함평)-務安(무안)을 거치는 350리 물길을 돌고 돌아 木浦(목포) 앞바다 西海(서해)로 흘러든다. 굽이굽이마다 풍류와 시가를 꽃피운 주변 500여 樓(루)와 亭(정)들이 자리한 亭子(정자) 文化(문화)의 Mecca라고도 할 수 있다

榮山江(영산강) 水系(수계) 環境(환경) 속에서 나고 자란 내 처지로서 이처럼 뛰어난 절경들을 놔두고 다른 名所(명소)들을 찾아 헤맨 자신이 어리석고 無謀(무모)했던 과거 행동이 더없이 부끄럽게 생각되는구나. 榮山江(영산강) 유역을 중심으로 한 西·南海岸勢力(서남해안세력)과 합해 高麗(고려)를 建國(건국)했던 王建(왕건)의 깊은 뜻을 되새기며, 삼천리 자전거로 榮山江(영산강) 兩(양) 江邊(강변)을 왕복하면서 무르익은 情趣(정취)에 흠뻑 젖고 싶은 심정은 비단 筆者(필자)뿐이겠는가?

제10부

창작 韓漢詩

한 한시

韓漢詩(13)
한 한시

幡然開悟 번연개오

-順 道-

昨週 登梅峯 看觀 綠盡盡 *看觀; 자세히 관찰함. 盡盡; 시들함.
작 주 등매봉 간관 록진진 진진

지난주 매봉산에 올라 살펴보니 짙은 녹음도 시들먹하더이다.

沒溺 日常事 夢想 變節氣 *沒溺; 깊이 열중함. 夢想; 헛된 공상.
몰닉 일상사 몽상 변절기

일상사에 절여 살다 보니 절기 변화를 몽롱한 채 보내버렸네요

若無 蒼空月 焉得 月漢江 *若; if(만약~라면). 焉; 어찌 언→焉 得
약무 창공월 언득 월한강

만약 창공에 달 뜨지 않는다면 어찌 한강에 비친 달 볼 수 있으리오

虛空 作宇宙 一杯 復一杯 *杯; 잔 배. 復; 다시 부.
허공 작우주 일배 부일배

허공을 작은 우주로 삼고 한잔-한잔 또 한잔일세그려-

盈來 南山月 抱佛 長脚臥 *盈; 찰 영. *長脚臥; 길게 다리 뻗고 누움.
영래 남산월 포불 장각와

남산에 뜬 만월 달빛 속에 부처를 안고 길게 다리 뻗고 누워 보니

雖石榴落 莫望 非落柚子 *雖; 비록 수. 莫; 말 막(~하지 않다)
수석류락 막망 비락유자

비록 석류는 떨어져도 안 떨어진 유자를 부러워하지 않는다는 것

已 夏過 玩月長醉 幡然悟 *玩月長醉; 달구경. 幡; 깃발 번. 悟; 깨달을 오
이 하과 완월장취 번연오

달빛 벗 삼아 즐김 속에 여름 지내고 비로소 깨닫게 되었네요.

書懷白紙上 風信 叱吾詩 *懷; 품을 회. 風信; 계절풍. 叱; 꾸짖을 질.
서회백지상 풍신 질오시

흰 종이에 회포를 쓰는데 불어오는 가을바람이 내 시를 꾸짖는구나.

[註]

*幡然(翻然); 번연히, 번연하게.
번연 번연

*開悟; 道를 깨달아 앎→*改悟; 잘못을 뉘우쳐 깨달음.
개오 도 개오

*幡然悟(幡然開悟); 모르던 것이나 懷疑하던 事理를 갑자기 깨달음.
번연오 번연개오 회의 사리

▶學林과 鶴林이 풍기는 意味와 情緖.
학림 학림 의미 정서

韓漢詩(14)
한 한시

千年香 涅槃 천년향 열반

-順 道-

佛敎鶴林 意 釋迦入滅 *釋; 풀 석. 迦; 막을 가. 滅; 멸망할 멸.
불 교 학 림 의 석 가 입 멸

불교에서 학림(鶴林)이란 석가의 입멸(入滅)을 뜻한다.

釋迦牟尼 死 鶴林涅槃 *牟; 소 울음 모. 尼; 중 니(이). 涅; 개흙 열(녈).
석 가 모 니 사 학 림 열 반

석가모니의 죽음을 곧 학림 열반(鶴林涅槃)이라고 함이요

釋迦之死 是 沙羅雙樹 *沙; 모래 사→砂; 모래 사. 雙; 쌍 쌍.
석 가 지 사 시 사 라 쌍 수

석가의 죽음이란 곧 사라쌍수림(紗羅雙樹林)의 다른 이름이다.

沙羅雙樹葉 變 白鶴羽 *變; 변할 변. 鶴; 학 학. 羽; 깃 우(날개).
사 라 쌍 수 엽 변 백 학 우

사라쌍수의 잎이 백학의 깃처럼 하얗게 변해

俗世塵人 稱 鶴林涅槃 *塵; 티끌 진. 稱; 일컬을 칭. 槃; 쟁반 반.
속 세 진 인 칭 학 림 열 반

속세 사람들이 '千年香 鶴林涅槃'이라 그렇게 칭한다.

[註]

*學林[學問]; 學者들이 모여 배우고 研究하는 곳.

*鶴林; (佛)釋迦가 入滅한 紗羅雙樹林의 딴 이름.

*入滅(入寂); (佛)生死를 超越하여 道에 듦.

*鶴林涅槃; 釋迦의 入滅을 슬퍼하여 紗羅雙樹의 잎이 白鶴의 깃[羽]처럼 하얗게 변했다는 傳說에서 온 말이다.

*紗羅雙林樹(婆羅雙樹林); (준, 雙林, 雙樹)라고 표현한다.

*釋迦가 入滅할 때, 寢牀 四方에 두 그루씩 紗羅樹가 있었으므로 雙樹라 일컫는다. 釋迦가 涅槃에 들자 雙樹중 한 나무[樹]는 무성하고, 다른 한 나무[樹]는 말라 죽었으며, 때 아닌 흰 꽃이 피더니 東西南北에 각각 있던 모든 두 나무[雙樹]가 한 나무로 되어 숲을 덮고, 나무 빛깔이 하얗게[白] 변하여 말라 죽었다 함.→東쪽의 두 그루[雙樹]를 常과 無常, 西쪽의 두 그루[雙樹]를 我와 無我, 南쪽의 두 그루[雙樹]를 樂과 無樂, 北쪽의 두 그루[雙樹]를 淨과 不淨에 비유한다.

▶水彩畵 같은 삶-
수채화

韓漢詩(15)
한 한시

水彩畵 之 生 수채화 지 생

-順 道-

一幅 水彩畵之 生 白紙上圖 *畵; 그림 화(晝; 낮 주). 圖; 그림 도.
일 폭 수 채 화 지 생 백 지 상 도

한 폭의 수채화 같은 삶을 백지 위에 그려 본다.

丘陵陽地 草屋蓋 掛 晝半月 *蓋; 덮을 개. 掛; 걸 괘.
구 능 양 지 초 옥 개 괘 주 반 월

야트막한 언덕배기 양지바른 초가지붕엔 낮달이 걸려 있고

野山傾近 宅兆 開花 白頭翁 *宅兆; 뫼, 무덤. *白頭翁; 할미꽃.
야 산 경 근 택 조 개 화 백 두 옹

야산 경사진 뫼 옆엔 할미꽃(白頭翁)이 활짝 피어 있다네

山谷向 孤苦叫 噫憶 返也哉 *叫; 부르짖을 규. 噫; 탄식할 희.
산 곡 향 고 고 규 희 억 반 야 재

산골짜기 향해 쓴소리로 절규하면 아린 추억으로 되돌아오고

紫霞 茅屋上 煙突氣 凝視兮 *紫; 자줏빛 자. 霞; 놀 하. 茅; 띠 모.
자하 모옥상 연돌기 응시혜

저녁놀이 내려앉은 초가집 굴뚝에서 나는 연기를 바라보노라면

渾淪 舊去事 總胸裏 歸來也 *渾淪(混淪); 모호함. 胸; 가슴 흉→胸裏.
혼륜 구거사 총흉리 귀래야

아스라이 지나간 허구한 일들이 한꺼번에 가슴속으로 밀려온다네

幼兒 靑少年期 時乎時乎也 *時乎時乎; 좋은 때가 옴을 기뻐함.
유아 청소년기 시호시호야

정서가 강했던 유·청소년기가 좋은 시절이었음을 마냥 기뻐했으나

花花間 蝶舞 未知生 焉知死 *蝶; 나비 접→蝶舞; 나비 춤.
화화간 접무 미지생 언지사

나비는 꽃 사이를 훨훨 날지만 삶을 모르는데 어찌 죽음을 알겠는가?

[註]

水彩畵(수채화) 같은 삶[生(생)]-어떤 것일까?

「빈 圖畵紙(도화지) 위에 삶[生(생)]이라는 한 폭의 水彩畵(수채화)를 그려본다 외딴집 草家(초가) 지붕 위에 낮 달[晝半月(주반월)]은 떠있고 낮은 뒷산 무덤[墳(분)] 앞에 홀로 할미꽃[白頭翁(백두옹)] 한 송이 외로이 피어 있다 골짜기 向(향)해 소리 지르면-

메아리[산울림]는 아련한 追憶(추억)으로 되돌아오고 붉은 노을[夕霞(석하)]이 내려앉은 시골집 굴뚝[煙突(연돌)]에서 모락모락 피어나는 煙氣(연기) 바라보며 아스라이 멀어졌던 지난 일들[過去事(과거사)]이 한꺼번에 가슴을 밀치고 들어온다.」

▶연말 前夜에 한 해를 回顧하며-
전야 회고

韓漢詩(16)
한 한시

顧 年末前夜 고 연말전야

-順 道

冬宵 三更 獨夜輾轉 *輾; 구를 전. 轉; 구를 전→輾轉不寐=輾轉反側.
동소 삼경 독야전전

겨울밤은 깊어만 가고 홀로 뒤척이며 잠 못 이루는데

遊說 綱領 散漫交錯 *說; 달랠 세→遊說; 유세. 綱; 벼리 강→綱領.
유세 강령 산만교착

대선 유세의 기본 강령들이 엇갈리며 어지럽게 흩어지나니

說紛紛 聲落 窓外漲 *紛紛; 어지럽게 휘날림. 漲; 넘쳐날 창.
설분분 성락 창외창

어지럽게 휘날리며 떠도는 말과 소리는 창밖으로 넘쳐나고

晦明 晦匿 虧 月影 *晦明 晦匿; 희미함 속에 감춤. 虧; 이지러질 휴.
회명 회닉 휴 월영

희미한 달빛만이 암시하는 듯 어렴풋이 그림자 드리우네.

化翁 主帝 長光寸陰 *化翁(化工); 자연 창조자. 主帝; 제왕이 주관함.
화옹 주제 장광촌음

조물주는 짧고도 긴 시간을 주관하지만

雖 不我覺 顧前夜祭 *雖; 비록 수(비록 ~라 할지라도). 顧; 돌아볼 고.
수 불아각 고전야제

비록 깨닫지는 못한다 해도 연말 전날 밤 회고해 보니

人間 煩惱 曠日彌久 *煩; 번뇌할 번. 曠; 밝을 광. 彌; 오래 미.
인간 번뇌 광일미구

사람들은 세월 보내며 머뭇거리다 번뇌만 하는 것인가

送丑 迎寅 壹年經營 *丑; 소 축. 寅; 호랑이 인. *經營; 관리하고 운영함.
송축 영인 일년경영

辛丑年을 보내고 壬寅年을 맞으며 한 해를 보내게 되는구나.
신축년 임인년

▶陰曆으로 섣달 그믐 행사를 '年終放砲 祭'라 했다.
음력 넌종방포 제

韓漢詩(17)
한 한시

年終放砲 祭 연종방포 제

-順 道-

每年晦日 祭祀 於宮中 *晦; 그믐 회→晦日; 섣달 그믐날.
매년회일 제사 어궁중

매년 섣달 그믐날이면 궁중에서 제사를 지냈다

儀裝種脫 逐出 諸鬼神 *儀; 거동 의(예의). 逐; 쫓을 축.
의장종탈 축출 제귀신

각종 탈을 쓰고 모든 귀신을 몰아내는 제사였는데

載惡鬼 盈車體 放砲祭 *載; 실을 재. 盈; 가득 찰 영. 放砲; 포를 쏘다.
재악귀 영거체 방포제

악귀를 수레에 가득 실어 대포로 쏘아 내쫓는 것이었다.

小鼓長鼓 提琴 嬉遊哉 *鼓; 북 고. *提琴; 제금 놀이. 嬉; 즐길 희.
소고장고 제금 희유재

소고와 장고를 치고 제금으로 기쁨을 놀이하는

年中 放砲祭 每實施行也 *實; 실행할 실→實行, 實施.
년중 방포제 매실시행야

방포제를 해마다 어김없이 시행했는데

隆熙八月 因 韓日合倂 *隆; 클 융→隆熙; 조선조 제27대 純祖 年號.
융희팔월 인 한일합병

융희(1910)년 팔월 한일합병으로 인하여

帝國法 抑除 固有傳統 *帝國; 황제가 다스리는 나라. 抑; 누를 억.
제국법 억제 고유전통

일제가 제국 법으로 고유 전통을 억제해 버렸으니

不傳來 民俗 嗚呼痛哉 *嗚; 탄식 소리 오. 痛; 아플 통.
부전래 민속 오호통재

고유민속이 전래되지 못함이 가슴 아프도록 슬프고 슬프도다.

[註]

*年終(연종); 세밑[섣달 그믐날]. *放砲(방포); 총이나 대포 따위를 놓음[發砲(발포)함].

*年終放砲(연종방포); 섣달 그믐날 밤에 궁중에서 각 營門(영문)의 砲手(포수)가 총을 놓아 귀신을 쫓던[逐出(축출)]하던 일.

*年終祭(연종제); 연말에 궁중에서 악귀를 쫓고자 年終(연종) 放砲(방포)를 쏘며, 갖가지 탈을 쓰고 提琴(제금), 북 따위를 치며 궁중 안을 두루 돌아다니던 행사. 舊韓末(구한말)까지 행사를 치렀으나 日帝(일제)가 總督法(총독법)을 적용해 금지시켜서, 固有(고유) 傳統(전통)이 끊기고 말았다. 참으로 애석한 歷史(역사)적 悲劇(비극)이다.

▶陰曆 正月의 다른 이름은 歲首요 歲初이다.
음력 정월 세수 세초

韓漢詩(18)
한 한시

歲首 歲初 세수 세초

-順 道-

歲首正月 爲 年始作兮 *首; 머리 수(始初). 兮; 어조사 혜.
세 수 정 월 위 년 시 작 혜

정월의 歲首란 그해의 始作이요

歲初正月 是 春出發哉 *是; ~이다. 哉; 어조사 재.
세 초 정 월 시 춘 출 발 재

정월의 歲初는 그 해 봄의 出發이라

歲風時俗 在 多樣豪華 *多樣; 여러 가지 모양. 豪華; 사치스럽고 화려함.
세 풍 시 속 재 다 양 호 화

해마다 전해져 온 풍습이 다양하고도 호화롭도다.

男女老少 飾 歲初歲粧 *飾; 꾸밀 식. 粧; 꾸밀 장, 단장할 장.
남 여 노 소 식 세 초 세 장

남녀노소 새 옷을 마련하여 예쁜 단장을 하고

貧富貴淺 占 一年身數 *身數; 사람의 운수.
빈 부 귀 천 점 일 년 신 수

빈부 귀천 가리지 않고 일 년 신수점을 치며

擲柶遊戲 卜 豊年農事 *擲; 던질 척. 柶; 윷 사→擲柶; 윷놀이.
척 사 유 희 복 풍 년 농 사 척사

윷놀이를 통해 그해 풍년 기원의 복점(卜占)도 친다.

安宅德頌 歌 聖賢道行 *頌; 기릴 송. 歌; 노래 부를 가.
안 택 덕 송 가 성 현 도 행

터줏대감을 덕송하고 聖賢들의 行蹟과 道를 노래함이라

福笊風樂 逐 諸邪惡鬼 *笊; 조리 조→福笊籬. 逐; 쫓을 축.
복 조 풍 악 축 제 사 악 귀 복 조 리

복조리 걸기와 풍악 놀이는 모든 邪惡함과 惡鬼를 물리침이로다.

[註]

*歲首(歲初=年初); 년 초-새해 시작.
세수 세초 연초

*歲裝; 새 옷을 마련해 입음.
세 장

*身占; 한해의 신수와 재수를 미리 알기 위해 치는 점.
신 점

*安宅; 가정에 탈이 없도록 지내는 고사→安宅歌=德談 歌.]
안 택

*윷점[擲柶占]; 개개인의 身數 財數를 보고, 비가 農事에 미치는 影響을 가름함.
척 사 점 농사 영향

*메 구; 財數大通하라고 農樂隊가 집집마다 찾아다니면서 풍물놀이, 地神밟기 함.
재수 대통 농악대 지신

*福笊籬; 설날 새해 아침 사서 부엌 등에 걸어놓으면, 笊籬가 쌀알처럼 萬福을 길러주고, 조릿대 틈으로 삿된 것들을 흘려보내고 福이 들어온다는 믿음.
복 조 리 조리 만복 복

▶대한민국의 心臟(심장)-서울의 광화문 광장.

韓漢詩(한한시)(19)

光化門廣場 광화문 광장

-順 道-

個個人 燭火 明輝 光化門 *燭; 촛불 촉. 輝; 빛날 휘→輝明(明輝(명휘)); 밝게 빛남.
개 개 인 촉 화 명 휘 광 화 문

개개인이 든 촛불은 광화문을 밝게 빛내지만

大衆集炷 漲 光化門 廣場 *炷; 심지 주. 漲; 넘칠 창.
대 중 집 주 창 광 화 문 광 장

대중이 모여든 집단 촛불은 광화문 광장을 넘치게 하는도다

個別示威 嚆矢 民主信念 *嚆; 울릴 효. 矢; 화살 시→嚆矢.
개 별 시 위 효 시 민 주 신 념

개별적으로 벌이는 시위는 민주 신념의 효시이지만

群重民心 暢達 民主主義 *暢; 펼 창→暢達; 막힘없이 뻗어 나감.
군 중 민 심 창 달 민 주 주 의

군중 민심은 민주주의를 자유롭게 뻗어 나아가게 함이로다

民主喊聲 伸雪 世界萬邦 *伸雪(伸寃雪恥); 맺힌 원한 풀고 치욕 씻음.
민 주 함 성 신 설 세 계 만 방

민주 함성은 만방에 한 맺힌 원한을 씻는 함성이어야 하며

忠武公像 明鑑 萬人英雄 *鑑; 거울 감→明鑑; 좋은 본보기가 됨.
충 무 공 상 명 감 만 인 영 웅

충무공 동상은 만인의 본보기가 되는 영웅상이 되어야 하며

世宗慈像 訓敎 明天地世 *明天地世; 명철한 군주 다스린 태평 세상.
세 종 자 상 훈 교 명 천 지 세

세종 동상은 명철한 지도자가 태평 치세하는 교훈 됨이라

國運盛衰 化工豫 測不許 *化工(天工); 하늘 조화.
국 운 성 쇠 화 공 예 측 불 허

국가 운명의 성하고 쇠함은 하늘의 조화로 예측 불허함이로고.

▶가까이할 수 없고, 그렇다고 멀리할 수도 없는 政治.

韓漢詩(20)
한 한시

不可近不可遠 불가근불가원

-順 道-

政勢 無慈 不可近 不可遠 *政勢; 政治와 勢力. 慈; 사랑할 자→慈悲.
정 세 무 자 불 가 근 불 가 원

정치세력이란 자비 없어 가까이 또는 멀리하기가 쉽지 않고

欲財 甚競爭 有在 多欺瞞 *欺; 속일 기. 瞞; 속일 만→欺滿; 속임.
욕 재 심 경 쟁 유 재 다 기 만

재물을 탐하여 욕심 내기엔 경쟁이 심해 기만하는 일이 많으니

貪心 物慾 離越 精神世界 *離; 떠날 리. 越; 넘을 월→離越=超越.
탐 심 물 욕 리 월 정 신 세 계

탐심과 물욕이 정신세계를 이미 떠나 넘어선 지 오래 되도다

邇來 世相事 寒心 地境 *邇; 가까울 이→邇來=間頃; 요마적(요즈음).
이 래 세 상 사 한 심 지 경

요마적(요즈음) 세태 꼴이 한심할 지경으로 흐르고 있나니

柔遠能通 治國 平天下 *柔遠能通; 멀어져간 민심을 순종케 함.
유원능통 치국 평천하

멀어져가는 민심을 소통해 능동케 함으로서 치국평천하 함이라

望見 此忠 傳 永遠無窮 *見; 나타날 현→望見; 멀리 바라봄.
망현 차충 전 영원무궁 망현

미래를 바라건대 이 같은 충정이 영원무궁토록 전해질지어다

急變 現世流 雖 吾已勞苦 *急變; 急速變化(速變). 雖; 비록 수.
급변 현세류 수 오이노고

오늘날의 속전속결하는 세류가 날 매우 힘들게 하지만

忘 諸欲事 願蟄居 自營生 *諸; 모두 제. 蟄; 숨을 칩→蟄居(집 콕).
망 제욕사 원칩거 자영생

모든 바람을 다 잊고 있는 그대로 지금의 삶을 살려 하네

▶漢灘江 中流에 우뚝 선 孤石亭.
한탄강 중류 고석정

韓漢詩(21)
한 한시

孤石亭 고석정

-順 道-

韓半島 中心 鐵原是也 *半; 반 반. 鐵; 쇠 철. 是; 옳을 시(~이다).
한 반 도 중 심 철 원 시 야

한반도 중심은 철원이라 여기고

弓裔 始建國 後高句麗 *弓; 활 궁. 裔; 후손 예→弓裔.
궁 예 시 건 국 후 고 구 려

궁예가 그곳에 후고구려를 세웠도다.

雖 避松嶽豪 遷都邑地 *雖; 비록 수. 豪; 호걸 호. 遷; 옮길 천.
수 피 송 악 호 천 도 읍 지

송악 토호들을 피해 철원으로 도읍지를 옮겼음에도

側近 誤導輔弼 弓裔 *輔; 도울 보. 弼; 도울 필→輔弼; 임금을 도움.
측 근 오 도 보 필 궁 예

측근들은 궁예에게 그릇된 보필만 했구나.

勝者 唯一錄 歷史痕跡 *唯; 오직 유. 痕; 흔적 흔. 跡; 자취 적.
승 자 유 일 록 역 사 흔 적

승자들만의 유일한 기록물인 역사 흔적

巨正活動 別無地 鐵原兮 *巨正; 林巨正(임꺽정). 兮; 어조사 혜.
거 정 활 동 별 무 지 철 원 혜

임꺽정(林巨正) 활동 무대인 철원 분지는 시들해지고[別無地]

灘中 孤石亭 觀照韓半島 *灘; 여울 탄. 孤石亭; 한탄강에 세워진 정자.
탄 중 고 석 정 관 한 반 도

한탄강 흐르는 물속에 선 고석정만 한반도를 지켜보누나.

漢灘江 永悠流 恨嘆也哉 *悠; 멀 유→悠流; 오래 멀리 흐름.
한 탄 강 영 유 유 한 탄 야 재

한탄강만 영원히 유유히 흘러 한탄스럽기 그지없도다.

[註]

위 詩는 DMZ 古蹟地를 탐방하면서 느낀 점들을 韓漢詩作해본 것이다.
고적 지 한 한시

*半島; 대륙에서 뻗어 나와 三面이 바다로 둘러싸인 陸地→韓半島.
반도 삼면 육지 한반도

*弓裔(金善宗-신라 왕족의 庶子); 신라 孝恭王2(898)년에 松嶽(松都-開城)에
궁 예 김 선 종 서자 효 공 왕 송악 송도 개성

都邑하고 3년 후인 901년에 스스로 왕이 되어 後高句麗를 세웠다. 土豪들의 비협
도읍 후 고구려 토호

조에 韓半島중심지라고 여긴 鐵原으로 도읍을 천도하고 國號를 泰封으로 고쳤다.
한반도 철 원 국호 태 봉

觀心法에 빠져 국사를 소홀히 하는 틈에 土豪들의 支持를 얻은 王建에게 敗亡하
관심 법 토호 지지 왕건 패망

고 만다(在位; 901~918).
재위

*임꺽정(林巨正); 조선조 제13대 明宗 때의 義賊. 백정 출신으로서 鐵原을 중
임 거 정 명종 의적 철 원

심으로 京畿道와 黃海道 일대를 활동 무대로 맹활약함. 明宗17(1562)년 재령에서
경기도 황해도 명종

南致根에게 피살되었다.
남 치 근

▶세월의 흐름에 대하여-

老衰身智; 몸과 예지가 쇠약해지니~
노 쇠 신 지

韓漢詩(22)
한 한시

相扶相助 상부상조

-順 道-

花開鳥啼節 新 如今昔 *啼; 울 제. 昔; 어제 석.
화 개 조 제 절 신 여 금 석

꽃피고 새우는 호시절 어제가 오늘처럼 나날이 새로워지는데

於焉 吾不覺 傘壽至春 *焉; 어찌 언. 傘; 우산 산→傘壽; 나이 80세.
어 언 오 불 각 산 수 지 춘

어언 산수 나이 되니 찾아든 봄을 깨닫지도 못했구나.

老浴望滿海 續 憧憬心 *續; 이을 속. 憧; 그리워할 동. 憬; 깨달을 경.
노 욕 망 만 해 속 동경 심

늙은이의 연속된 동경심은 바다처럼 꽉 차기를 욕망함이지만

生命有限 定 行路旅程 *旅; 무리 여. 程; 길이 정→旅程=日程=路程.
생 명 유 한 정 행 로 여 정

생명은 유한하니 가야 할 인생 행로는 이미 정해져 있기에

無心日月 更 壬寅仲春 *日月=時日=歲月. 更; 다시 갱, 고칠 경.
무심일월 갱 임인중춘

무심한 세월은 흘러 다시 임진년[호랑이 해] 봄이 되었구나

老衰身智 幽玄 嘆數頻 *幽玄; 이치가 아득함. 數; 자주 삭. 頻; 자주 빈.
노쇠신지 유현 탄삭빈

몸과 예지가 쇠약해지니 이치가 점점 아득해져 탄식만 잦아지네

使我望儂 恒寧 有禧顏 *使; 사역할 사. 儂; 당신 농. 禧; 복 희. 顏; 얼굴 안.
사아망농 항녕 유희안

당신께 바라는 바는 항상 강녕하여 복된 얼굴이도록 하는 것이니

相扶相助 鱗鱗 伸旼旻 *鱗; 비늘 인(린)→鱗鱗; 아름다운 사물. 旼(旻); 화락할 민.
상부상조 인린 신민민

상부상조하면서 세상 이런저런 아름다운 것들을 和樂(화락)하게 함이로다.

▶於 仲春(仲陽), 봄 한가운데서~
어 중춘 중양

韓漢詩(23)
한 한시

於 仲春 어 중춘

-順 道-

散策陵麓 凝望 流浮雲 *麓; 산기슭 록(녹). 凝望; 먼 곳을 눈여겨봄, 기대함.
산 책 능 록 응 망 유 부 운

서오능 산기슭을 산책하다 흘러가는 뜬구름을 유심히 바라보매

忽 光陰仲陽 過耳花聲 *過耳; 귓전을 스치다. 仲陽=仲春; 봄 한가운데.
홀 광 음 중 양 과 이 화 성

문득, 세월 흘러 봄 가운데 이르렀고 꽃피고 지는 소리 귓가 스치니

草林香 渡谷 蒼天飛上 *蒼; 푸를 창→蒼天=蒼空=蒼穹; 푸른 하늘. 渡; 건널 도.
초 림 향 도 곡 창 천 비 상

풀잎 냄새가 능 계곡을 건너 해맑은 봄 하늘로 날아오르는 듯하구나

松花粉紛 丘陵 西霞中 *粉; 가루 분. 紛; 어지러울 분. 霞; 노을 하, 놀 하.
송 화 분 분 구 능 서 하 중

송화 꽃가루는 서녘 놀 가운데 능 언덕배기를 어지럽게 휘날리는데

低頭平身 默考 來年事 *低頭平身; 머리 숙여 몸을 낮춤. 默考; 말없이 생각함
저 두 평 신 묵 고 래 년 사

머리 숙여 몸을 낮추고 다가올 내년 일을 곰곰이 생각해 보면서

擧頭對面 吟誦 自經文 *擧頭對面; 고개 들어 마주 봄. 吟 誦; 詩歌를 읊조림.
거 두 대 면 음 송 자 경 문

고개 들어 하늘을 마주 보고 스스로 경영할 글을 읊조려 본다네

天工 神衡治 世上萬事 *天工(化工); 天子나 王의 정치. 衡; 저울대 형.
천 공 신 형 치 세 상 만 사

天子(손바닥王)는 신령스런 저울로 세상만사를 다스린다고 한다니

和光同塵 顧 安分又省 *和光同塵; 재능을 감추고 묻혀 삶. 顧; 돌아볼 고.
화 광 동 진 고 안 분 우 성

재능 감추고 속세 묻힌 삶이 다시 안분을 살피도록 생각하게 한다네.

▶지는 落葉(낙엽)을 생각해 보면서-

韓漢詩(한한시)(24)

落葉歸眞 낙엽귀진

-順 道-

綠水靑山 盛茂節 變已夢 *綠水靑山; 아름다운 강산. 盛茂; 초록이 무성함.
록수청산 성무절 변이몽

아름다운 강산 초목이 무성했던 계절은 이미 꿈처럼 변해가고

寒露霜降 朝夕異 紅葉楓 *寒露霜降; 찬 이슬 서리 내림. 楓; 단풍 풍.
한로상강 조석이 홍엽풍

찬 이슬 서릿발에 아침저녁 다르게 붉은 낙엽으로 단풍 드니

落葉旅程 無定處 流杳然 *杳; 아득할 묘→杳然; 아득히 먼 모양.
낙엽여정 무정처 유묘연

지는 낙엽 정처 없이 흘러가는 길 알 수 없어 까마득하지만

浮浪若夢 寓生中 緣有逢 *浮; 뜰 부. 浪; 물결 랑. 寓; 머무를 우. 緣; 연분 연.
부랑약몽 우생중 연유봉

꿈처럼 떠돌다 어느 곳에 기대 지내는 중 인연 되면 만나겠지

風氣轉轉 相衝突 積坎谷 *風氣; 바람과 공기, 바람결. 坎; 구덩이 감.
풍 기 전 전 상 충 돌 적 감 곡

바람결에 구르고 굴러 서로 부대끼다 구렁진 곳에 쌓이고 쌓여

雨灑沈浸 腐蝕土 變地融 *灑; 뿌릴 쇄. 沈; 가라앉을 침. 浸; 담글 침.
우 쇄 침 침 부 식 토 변 지 융

비 뿌려 젖고 잠기면 부식한 흙 되어 땅으로 융합할 터이고

歸眞還生 後日逢 新形相 *歸眞; 죽음, 본디로 돌아옴. 逢; 만날 봉.
귀 진 환 생 후 일 봉 신 형 상

환생해 본디 모양으로 훗날 만나게 될 땐 새로운 형상이 되겠지

或 汝輩識 余輩 變身吾躬 *汝輩; 그네들. 余輩; 우리네들. 吾; 나 오. 躬; 몸 궁.
혹 여 배 식 여 배 변 신 오 궁

혹, 그네들은 꽤 변해버린 우리네를 식별이라도 할 수 있으려나?

▶즐거움과 행복은 스스로 구하는 것, 自求樂幸
자구락행

韓漢詩(25)
한 한시

自求樂幸 자구락행

-順 道-

故山岬 農幕 忘塵 欲鄕棲 *岬; 산허리 갑. 欲; 하고자 할 욕. 棲; 깃들 서.
고산갑 농막 망진 욕향서

고향 산기슭에 농막 지어 속진 세상 잊고 낙향해 깃들고 싶다네

非昨今夢 唯劃 恒心着想 *夢; 꿈 몽. 恒; 항상 항→着想. 劃; 기획 획.
비작금몽 유획 항심착상

어제오늘 꿈이 아니고 항상 맘속에 생각했던 유일한 계획이라

因春 採艾芹 因秋 獲栗柿 *艾; 쑥 애. 芹; 미나리 근. 栗; 밤 율. 柿; 감 시.
인춘 채애근 인추 획율시

봄엔 쑥과 미나리를 캐고 가을엔 밤과 감을 따면서 살아가리니

都遠 無騷音奢 親宇星燦 *都; 도시 도. 奢; 사치할 사. 燦; 빛날 찬.
도원 무소음사 친우성찬

도시와 멀어 소음과 사치 없으니 우주 가까운 별빛 찬란하리라

時變花草 曆定 候鳥官絃 *曆; 책력 역(력). 絃; 줄 현.
시변화초 력정 후조관현

철 따라 피는 화초 달력 되고 철새는 연주하는 관현악 되는구나

逍遙散懷 淸溪 夜讀叢書 *逍; 거닐 소. 遙; 거닐 요. 叢; 다 총, 모두 총.
소요산회 청계 야독총서

계천 가 거닐며 울적함 해소하고 밤엔 이런저런 책 읽는다네

空林 過耳松風 水涯垂竿 *過耳; 귀를 스치다. 涯; 물가 애. 垂; 드리울 수.
공림 과이송풍 수애수간

숲속 공터에선 솔바람에 귀 기울이고 냇가에 앉아 낚시 드리우며

低籬廬 昇蔓墻 庭畸播蔬 *籬; 울타리 이. 廬; 농막 여. 蔓; 넝쿨 만. 墻; 담장 장.
저리려 승만장 정기파소

농막 낮은 울타리엔 넝쿨 올리고 뜰 앞 뙈기밭엔 푸성귀 가꾸니

耘艾汗濡衫 卽向 岩澗水 *耘; 김맬 운. 濡; 적실 유. 衫; 소매 삼. 澗; 틈새 간.
운애한유삼 즉향 암간수

씨 뿌리고 수확하다 옷 땀에 젖으면 곧 바위 틈새 물로 달려가니

空林 誘被勞 看渺然蒼空 *誘; 꾈 유. 渺; 아득할 묘→渺然; 아득히 먼.
공임 유피로 간묘연창공

숲속 빈터에서 피로를 달래며 아득히 먼 창공 바라보노라면

綠水青山 痕迹 白雲消暫 *痕迹; 뒤에 남은 자취. 暫; 잠깐 잠.
녹수청산 흔적 백운소잠

고운 강산은 옛 자취를 간직하고 흰 구름은 잠시 머무를 뿐

種友來訪 與酒 細論情談 *種; 심을 종→種種; 종종. 細論(詳論); 자세히 논함.
종우래방 여주 세논정담

종종 친구가 찾아오면 술잔 오가며 정담도 나눠보면서-

與懷 過同事 觴盞作大哄 *懷; 품을 회. 觴; 술잔 상. 盞; 술잔 잔. 哄; 웃을 홍.
여회 과동사 상잔작대홍

지난 일을 함께 회상하면서 술잔 나누며 소리 내 웃어 본다네

打絃 破寂寞 揮筆 成拙句 *絃; 줄 현. 破; 깨뜨릴 파. 拙; 서툴 졸.
타현 파적막 휘필 성졸귀

악기도 퉁기며 적막을 깨뜨리면서 졸작이지만 시구도 지어보면

而觀 顧踪迹 無成 而不罪 *顧; 돌아볼 고. 蹤迹; 자취.
이관 고종적 무성 이불죄

차분히 발자취를 돌아보면 이룬 것도 죄지은 것도 없으니

若可自足 此外 羡幾何事 *若=if. 羡; 부러워할 선. 幾何; 얼마인가?
약가자족 차외 선기하사

스스로 만족할 수 있다면 이밖에 무엇을 부러워하겠는가?

衆論 生也苦 思 自求樂幸 *生也苦; 생은 괴로운 것. 樂幸; 즐거움과 행복.
중논 생야고 사 자구락행

사람들은 '삶은 괴로운 것'이라고 하지만, 생각건대,
'즐거움과 행복은 스스로 구하는 것'이라고 사료되는 바라네.

제11부

우리시, 성서 漢譯(한역)

▶우리詩 ㉮,㉯,㉰,를 漢譯(한역)으로 編作(편작)한 韓漢詩類(한한시류)를 吟讀(음독)해 보자면-

우짤란지㉮

-김원준-

天主 말씀이
자가,
자가 저러다가
결국 크게 다칠 낀데
그래,
보라카이
그 높은 이름에 먹칠했지
더 어떤 망칠 일 있겠노?
돈, 권력,
그 기 머라꼬?

▶漢譯編作
한역편작

韓漢詩㉖
한 한시

將如 何 장여 하 「장차 어찌할까?」

-漢譯 編作 姜聲尉

天主曰 彼哉 彼人哉 *彼; 저 피→彼哉; 저이여! 彼人哉; 저 사람이여!
천주왈 피재 피인재

천주께서 걱정하시길, 저이가! 저 사람이!

如彼不知 將如何 *如彼; 저러다가. 將; 장차 장→將如何; 장차 어찌할 건가?
여피부지 장여하

저러다 장차 어찌할 건가?

行行至 終局 *行行; 계속 가다. 至; 이를 지. 終; 마침 종→終局; 결국에는.
행행지 종국

가고 또 더 가다 종국에는

恐或 受傷多 *恐; 두려울 공→恐或; 어쩌면~. 傷; 상처 상.
공혹 수상다

어쩌면 아마도 많이 다칠 텐데

是也 請細看 *是也; 그래 옳거니. 請; 청할 청. 細; 가늘 세. 看; 볼 간.
시 야 청 세 간

그래, 자세히 잘 살피거라!

高名 遂蒙瑕 *遂; 이를 수(마침내, 드디어). 蒙; 입을 몽. 瑕; 티끌 하→蒙瑕; 먹칠하다.
고 명 수 몽 하

마침내, 높은 이름에 먹칠을 하겠지

誤事焉有 甚於此 *誤; 그릇될 오→誤事; 일을 그르치다. 焉有; 어찌 ~이 있으랴.
오 사 언 유 심 어 차

망칠 일이 이보다 더 심한 게 어찌 있겠나?

金權彼又 何物耶 *耶; 어조사 야→何物耶; 무엇이 더 ~냐?
금 권 피 우 하 물 야

돈, 권력, 그게 도대체 무슨 물건이라고?

[註]

*原作 詩人은 천주님께서 텔레비전을 통해 정치 초년생인 한 법조인을 우려스럽게 지켜보다가, 결국 그 우려가 현실이 되어버릴 상황을 예견하시고 우리 서민들에게 권계(勸戒)의 뜻으로 들려준 훈계(訓戒)를 사실 그대로 시화한 것이다. 성공해서 높은 자리에 이르렀더라도 무리하게 金-權을 쫓다가 일신상의 불명예로 敗家亡身하는 것보다 더 나쁜 일은 없다는 천주님의 가르침을 시인이 우리 모두에게 들려주는 경책(警策)이기도 하다.

*위 編譯者는 聯 구분 없이 10行으로 이루어진 原詩를 五言과 七言이 섞인 八句의 古詩(古體 詩-自律 詩)로 재구성하여 漢譯(한역)한 韓漢詩(한한시)이다.

*그래도, 짝수(우수)句(구)마다 何(하), 多(다), 瑕(하), 耶(야)로 押韻(압운)하였다.

부자지간㉯

-이생진-

아버지 범선 팔아
발동선 사이요

얘, 그것 싫다
부산해서 싫다

아버지 배 팔아
자동차 사이요

얘, 그것 싫다
육지 놈 보기 싫어
그것 싫다

아버지 배 팔아
어머니 사이요

그래
물 가거든
어미 하나 사자

父子之間 부자지간

-漢譯 編作 姜聲尉

父耶今 賣帆船 買機船 *耶; 어조사 야. 賣; 팔 매. 買; 살 매. 帆; 돛 범. 船; 배 선.
부 야 금 매 범 선 매 기 선

아버지 지금 배[범선] 팔아 발동선 사요

兒兮余 惡船中 聲紛頻 *惡; 미워할 오, 악할 악. 紛; 어지러워질 분. 頻; 자주 빈.
아 혜 여 오 선 중 성 분 빈

얘야, 난 싫다 배 안에서 시끄러운 소리 나는 것

父耶然 卽賣船 買動車 *耶; 어조사 야[아버지를 부를 때-]. 然; 그럴 연.
부 야 연 즉 매 선 매 동 차

아버지 그러면 배 팔아 자동차 사요

兒兮余 嫌車上 看陸人 *嫌; 싫어할 혐. 看; 볼 간. 陸; 뭍 육, 육지 육.
아 혜 여 혐 차 상 간 육 인

얘야, 차 위에서 육지 사람 보는 것도 싫구나

父耶然 卽賣船 買阿母 *阿; 존칭 접두사→阿母(아모)[어머니]↔阿父(아부)[아버지].
부 야 연 즉 매 선 매 아 모

아버지 그럼 배 팔아 어머니 사요

好哉 下船 登陸 買亞嬪 *亞; 버금 아. 嬪; 아내 빈→亞嬪; 아내 버금가는 여인.
호 재 하 선 등 육 매 아 빈

그래 좋아 하선해서 뭍에 오르거든 어미 하나 사자

[註]

*위 詩를 讀吟하다 보니 금세 코끝이 싸해지고 눈시울[目眶]이 촉촉해진다. 詩意 속에 숨겨진 悲哀가 슬쩍 가슴에 묻어왔기 때문이다. 無聊해진 아이와 父子가 각기 느낀 외로움[孤獨]이지만, 마치 초가집 팔아 기와집 사자는 얘기와 다르지 않다. 여기에 父의 가난이 고요하게 숨어 있다. 바로 이 대목에서 돈으로 어머니[阿母]를 살 수 있는가의 與否는 그다지 重要치 않다는 생각이 든다.

*위 漢譯詩는 譯者가 중국 漢詩에도 없는 九言 六句의 律詩를 시도했다.

-編評 順道-

대추 한 알㉰

-장석주-

저게 저절로 붉어질 리 없다

저 안에 태풍 몇 개
저 안에 천둥 몇 개
저 안에 벼락 몇 개

저게 저 혼자 둥그러질 리 없다

저 안에 무서리 내리는 몇 밤
저 안에 땡볕 두어 달
저 안에 초승달 몇 달

▶漢譯編作
한 역 편 작

韓漢詩㉘
한 한시

대추 한 알 紅棗一粒

-漢譯者 未詳-

저게 저절로 붉어질 리는 없다

紅棗 不可能是 自己變絳 *紅; 붉을 홍. 絳; 진홍 강. 是; 옳을 시. 變; 변할 변.
홍조 불가능시 자기변강

저 안에 태풍 몇 개

經歷 了是 數幾次 颱風 *經歷(履歷=來歷); 이제껏 지녀온 내력. 颱; 태풍 태.
경력 료시 수기차 태풍

저 안에 천둥 몇 개

履歷 了是 數幾次 打電 *履歷=經歷. 了; 마칠 요(료). 是; 옳을 시. 打電; 천둥 번개.
이력 료시 수기차 타전

저 안에 벼락 몇 개

來歷 了是 數幾次 閃光 *幾; 몇 기. 次; 차례 차. 閃; 번쩍할 섬→閃光; 벼락.
래력 료시 수기차 섬광

저게 저 혼자 둥그러질 리는 없다

紅棗 不可能是 自己變圓 *棗; 대추나무 조. 變; 변할 변. 圓; 둥글 원.
홍조 불가능시 자기변원

저 안에 무서리 내리는 몇 밤

來歷 了是 兩個月的 熱日 *歷; 지낼 역(력). 熱; 더울 열→烈日; 땡볕.
래력 료시 양개월적 열일

저 안에 초승달 몇 날

經歷 了是 兩個月的 新月 *新月(朔月); 초승달
경력 료시 양개월적 신월 삭월

[註]

原作의 漢譯에서 反復되는 漢字를 피하고자 代置시킨 漢字, 文脈상 追加해야 할 漢字, 文法상 變更해야 할 漢字 등을 考慮해 改作했다.

-編作者 順 道-

▶詩중의 詩

韓漢詩㉙
한 한시

詩篇 23 시편 23

-漢譯者 未詳

여호와는 나의 목자이시니

主乃 我之 牧者是也 *乃; 이에 내, 곧. 之; 갈 지, ~의. 是; 이 시→是也; ~이 옳다.
주 내 아 지 목 자 시 야

내가 부족함이 없으리로다.

使我 不至 窮乏也哉 *使; 하여금 사, 사역조사. 也哉; ~이로다(어조사 감탄 표현).
사 아 부 지 궁 핍 야 재

그가 나를 푸른 초장 위에 누이시며

使我 長臥 於上草場 *臥; 누울 와. 於; 어조사 어, ~에, ~로부터.
사 아 장 와 어 상 초장

쉴만한 물가로 인도하시는도다

引我 至可 安歇水濱 *引; 인도할 인. 至; 이를 지, ~까지. 歇; 쉴 헐. 濱; 물가 빈.
인 아 지 가 안 헐 수 빈

내 영혼을 소생시키고

使我 心靈 蘇醒 *靈; 신령 영, 영혼 령. 蘇; 소생할 소. 醒; 깨달을 성.
사아 심령 소성

자기 이름을 위하여

爲己之名 *爲; 할 위, 이를 위, ~위하여. 己; 자기 기→已; 이미 이. 巳; 여섯째 지지(地支) 사.
위기지명

의의 길로 인도하시는도다.

使我行 引導 義之路 *義; 옳을 의, 뜻 의→義之路; 의의 길.
사아행 인도 의지로

내가 사망의 음침한 골짜기로 다닐지라도

雖 吾往來 幽谷之死 *雖; 비록 수, ~라 할지라도. 幽; 그윽할 유, 음침할 유.
수 오왕래 유곡지사

해를 두려워하지 않는 것은

亦 遭害 不懼 *亦; 또 역, 역시 역. 遭; 만날 조. 懼; 두려워할 구.
역 조해 불구

주께서 나와 함께함이라

因 主常在 我由側 *因; 인할 인, ~으로 인하여(원인). 由; 말미암을 유. 側; 곁 측.
인 주상재 아유측

주의 지팡이와 막대기가 나를 안위하시나이다.

主之杖竿 安慰吾足而 *杖; 지팡이 장. 竿; 장대 간. 慰; 위로할 위. 而; ~도다(조사)
주지장간 안위오족이

주께서 내 원수의 목전에서 내게 상을 베푸시고

主在我 敵前爲我 備悉筵席 *備; 갖출 비. 悉; 모두 실. 筵; 대자리 연→筵席.
주재아 적전위아 비실연석

기름으로 내 머리에 바르셨나니

以膏 沐吾首 *以; 써 이, ~로써(~을 가지고) 하다. 膏; 기름질 고. 沐; 머리 감을 목.
이고 목오수

내 잔이 넘치나이다.

使吾杯 充滿溢也 *杯; 술잔 배→盃; 잔 배. 溢; 넘칠 일.
사오배 충만일야

내 평생에 선하심과 인자하심이

我一生 唯有 恩寵慈惠 *唯; 오직 유. 寵; 은혜 총. 慈; 사랑할 자. 惠; 은혜 혜.
아일생 유유 은총자혜

정녕 나를 따르리니

吾必 永久隨成 *吾; 나 오. 久; 오래 구→永久. 隨; 따를 수.
오필 영구수성

내가 여호와의 집에 영원히 거하리로다

我居 於主之殿 *居; 살 거→蟄居; 한곳에만 머물러 있음. 殿; 큰집 전.
아거 어주지전

[註]

人口에 膾炙(회자)되는 詩 중의 詩, 詩篇(시편) 23은 聖書(성서)의 縮小版(축소판)이다.

유명한 聖經(성경) 句節(구절) 중 가장 잘 알려졌으며, 聖書(성서)에서 가장 긴 冊(책)이다.

널리 愛誦(애송)되어온 대부분의 詩篇(시편) 23(psalm-23)의 作者(작자)는 다윗이다.

-編作者 順 道-

천리향

찍은날 2022년 7월 20일
펴낸날 2022년 7월 27일
지은이 순 도(順 道)
펴낸이 박몽구
펴낸곳 도서출판 시와문화
주 소 13955 경기 안양시 동안구 경수대로883번길 33,
103동 204호(비산동, 꿈에그린아파트)
전 화 (031)452-4992
E-mail poetpak@naver.com
등록번호 제2007-000005호(2007년 2월 13일)
ISBN 978-89-94833-81-1(03810)

정 가 15,000원